PSICOLOGÍA Y FÚTBOL: APRENDIENDO A LIDERAR EN PRIMERA PERSONA

¿CÓMO SE CAPACITAN LOS ENTRENADORES PARA DESARROLLAR EL TALENTO DE LOS JUGADORES?

MARÍA RUIZ DE OÑA (COORD)

Psicología y fútbol / María Ruíz de Oña. - 1a ed. - LIBROFUTBOL-com, 2020.
210 páginas; 22,9 x 15,2 cm.

ISBN 978-987-8370-11-8

1. Fútbol. I. Título.
CDD 796.334

PSICOLOGÍA Y FÚTBOL
María Ruiz de Oña
AIPAF

Diseño de cubierta: Luciano Medvetkin
Diagramación interior: Luciano Medvetkin
Foto del autora: © María Ruíz de Oña

LIBROFUTBOL.com
Olga Cossettini 1112 - oficina 8F - Ciudad de Buenos Aires - Argentina
ediciones@librofutbol.com - whatsapp +54 9 11 2215 1982

1ª edición: agosto 2020

ISBN 978-987-8370-11-8

CONTENIDO

AUTORES 9

PRÓLOGO

HISTORIA DE LA ASOCIACIÓN INTERNACIONAL DE PSICOLOGÍA APLICADA AL FÚTBOL (AIPAF) 13

Bibliografía 18

CAPÍTULO 1

PRESENTACIÓN. FORMACIÓN Y DESARROLLO DEL ENTRENADOR 19

1. La relación entrenador–jugador: una oportunidad de aprendizaje para ambos 19
2. ¿Por qué elegimos al entrenador como eje central del congreso? 23
3. ¿Qué significa trabajar desarrollando talento desde la perspectiva del desarrollo del entrenador? 25

CAPÍTULO 2

PRINCIPIOS DEL APRENDIZAJE 29

1. El lugar del aprendizaje 29
2. La pregunta 31
3. La escucha 32
4. La libertad 32
5. El aprendizaje vital 33
6. La mirada inocente 34
7. El reto de vivir 35
8. La mirada sensible 36

CAPÍTULO 3

LA FORMACIÓN DEL ENTRENADOR. ¿CÓMO SE ENTRENAN LOS ENTRENADORES PARA DESARROLLAR EL TALENTO DE LOS JUGADORES? 37

1. Introducción: ¿Cómo se entrenan los entrenadores? 37
2. El factor humano 38
   2.1. ¿Cuál es mi inconformismo como entrenador? 38
   2.2. ¿Por qué tenemos que aprender los entrenadores hoy en día? 39
   2.3. ¿Qué elementos nos ayudan a generar comprensión? 41
3. El factor interacción 44
3.1. Conversación con entrenadores sobre su aprendizaje 44
3.2. ¿Qué hay en esos espacios de interacción? 45
   3.3. Elementos necesarios en una conversación de aprendizaje. . . 46
4. El factor entrenamiento 50
   4.1. Transformación del entrenamiento 51
   4.2. ¿En qué consiste este papel de entrenador-educador? 52
   4.3. ¿Qué material se puede utilizar para construir estos espacios de aprendizaje? 52
   4.4. Habilidades del entrenador durante el entrenamiento y competición. 53
      4.4.1. La mirada 53
      4.4.2. Comunicación 54
      4.4.3. La emoción. 55
5. El factor competición 56
   5.1. Una nueva perspectiva de la competición 57

Conclusiones: el cambio empieza por uno mismo 62

FACTOR HUMANO

CAPÍTULO 4

¿CÓMO NOS ESTAMOS CONSTRUYENDO COMO PROFESIONALES DE LA PSICOLOGÍA DEL DEPORTE? 67

CAPÍTULO 5
¿CÓMO SITUARNOS EN EL APRENDIZAJE COMO PERSONAS? LA INTERACCIÓN EDUCADORA 79

1. Deporte, persona y educación 79
2. Aprendizaje centrado en la persona 82
   2.1. Cómo aprendemos 83
      2.1.1. Generando entendimiento y comprensión sobre lo que hacemos 83
      2.1.2. Construyendo contextos educativos. 84
3. Procesos de enseñanza-aprendizaje en contextos deportivos 86
   3.1. La mirada educativa en la relación entrenador-jugador 87
   3.2. Los elementos y/o situaciones que potencian o dificultan la relación educativa entre jugador-entrenador 87
4. El entrenador, desde una perspectiva educativa 90
5. El papel del jugador en contextos educativos 92

Conclusión 92

FACTOR INTERACCIÓN

CAPÍTULO 6
LIDERAZGO Y RELACIONES ENTRENADOR-JUGADOR 97

Sentido y significado que le damos a las relaciones 97

CAPÍTULO 7
EL SENTIDO Y SIGNIFICADO QUE LE DAMOS A LAS RELACIONES Y SU IMPACTO EN EL RENDIMIENTO 103

Bibliografía 108

CAPÍTULO 8
LAS RELACIONES EN EL EQUIPO 109

FACTOR ENTRENAMIENTO

CAPÍTULO 9
¿CÓMO NOS ENTRENAMOS LOS ENTRENADORES? 119

El viaje ... 119
Un día del diario de un entrenador ... 122
El lenguaje: mi herramienta de construcción ... 123
Diálogo entre entrenadores sobre sus inicios en el fútbol de formación 128
Bibliografía ... 134

FACTOR ENTRENAMIENTO

CAPÍTULO 10
CONSTRUCCIÓN DE UNA CULTURA DE APRENDIZAJE EN UN CLUB DE FÚTBOL ... 137

FACTOR COMPETICIÓN

CAPÍTULO 11
EL LUGAR Y PAPEL DE LA COMPETICIÓN EN EL DESARROLLO DEL TALENTO ... 147

CAPÍTULO 12
¿QUÉ HACE QUE UN GRUPO DE JUGADORES FUNCIONE COMO EQUIPO DE FÚTBOL? ... 157
Introducción ... 157
Visión compartida de los objetivos y del sistema de juego del equipo ... 157
Ambición, competitividad y productividad ... 158
Creatividad, memoria transactiva y cooperación ... 159
Gestión de los conflictos ... 160
La negociación creativa ... 162
Diagrama de afinidad ... 163
La selección ponderada ... 164
Bibliografía ... 165

CAPÍTULO 13
¿QUÉ ES LO EMERGENTE? ¿POR QUÉ EN EL FÚTBOL? ... 167

CAPÍTULO 14
EL FUTURO EMERGENTE EN EL DEPORTE DE ALTA COMPETICIÓN 177

CAPÍTULO 15
LAS RELACIONES 187

1. Introducción 187
2. Relaciones con uno mismo 188
    2.1. Recetas fáciles. Herramientas versus desarrollo de personal 189
    2.2. Múltiples significados 190
    2.3. El impacto del resultado 191
    2.4. El arnés 192
3. Las relaciones con el otro 192
    3.1. Elementos de la relación: tiempo, espacio, contenido y confianza 193
    3.2. La confianza en las relaciones 194
4. Relaciones con el equipo 195
    4.1. El otro en el equipo 196
    4.2. Distinguir asociación por objetivos frente a equipo 197
    4.3. Construcción de equipos 199
5. Métodos o herramientas. El diálogo 201
    5. 1. Creencias y modelos mentales 201
    5. 2. El valor de la pregunta 201
    5. 3. Diálogo y aprendizaje en equipo 202
    5. 4. Diálogo y discusión 203
    5. 5. Diálogo, prejuicios y escucha 204
    5. 6. Diálogo y preguntas cuestionadoras 204
    5. 7. Diálogo, mente intuitiva y proceso creativo 205
6. Organización, identidad y equipo 206
    6.1. Principales características 206
    6.2. El rol individual a desarrollar 207
    6.3. Trabajando sobre las grietas 208
Bibliografía 209

Dedico este libro a mi marido Álvaro, a mis hijos Jagoba y Eneko. Ellos son mi mejor espejo.

Gracias a mis padres por haberme dado la posibilidad de vivir, amar y aprender y poder haberlo compartido con mis hermanas Celia, Paula y Esther.

María Ruíz de Oña.

Autores

Sito Alonso. Entrenador del Fútbol Club Barcelona de la sección de baloncesto. La filosofía de trabajo con la cantera marcó su evolución como entrenador. Fue entrenador de Gipuzkoa Basket, Bilbao Basket y Baskonia.

Joxean Álvarez. Entrenador de fútbol base.

José María Amorrortu. Licenciado en Económicas. Ex futbolista y entrenador vizcaíno. Actualmente es director deportivo del Athletic Club de Bilbao. Reputado por su trabajo con el fútbol base. Ha sido entrenador profesional del Athletic Club de Bilbao, Real Sociedad y Eibar Fútbol Club.

Sabino Ayestarán. Catedrático emérito de Psicología Social en la UPV/EHU. Su investigación y docencia han estado centradas en la psicología de grupos y organizaciones.

Luis Cantarero. Psicólogo y doctor en Antropología social y cultural. Profesor titulado de la Universidad de Zaragoza. Socio fundador de la Asociación Internacional de Psicología Aplicada al Fútbol.

Caterina Gozzoli. Doctora en Psicología Social. Universidad Católica de Milano. Psicóloga del AC Milan.

Jorge Dueñas. Seleccionador nacional del equipo femenino español de balonmano. Es el entrenador más exitoso y que más veces ha dirigido a la selección femenina, destacándose el bronce olímpico de Londres 2012, las medallas de plata en dos europeos (2008 y 2014) y el bronce mundial en Brasil 2011._

Iñigo Etxebarria Garate. Licenciatura en Ciencias Económicas por la Universidad del País Vasco (EHU) y una maestría en Dirección de Empresas por la Universidad de Deusto. 34 años en BBVA, finalizando como director de Planificación y Control de Gestión del grupo. Destaca su amplia experiencia en empresa liderando equipos y proyectos complejos en diferentes países, combinando capacidad de planificación, visión estratégica y logro de resultados concretos, con un estilo de liderazgo cooperativo y humanista que genera compromiso e ilusión en los equipos que gestiona.

Christian Luthardt. Psicólogo del deporte en Bayern Munich.

Cristina Fink. Psicóloga del deporte en las Chivas de Guadalajara, la MLS (Major League Soccer) y el Club Union Philadelphia.

Javier García de Andoín. Fundador y director del Instituto Europeo de Yoga. Miembro fundador de la Asociación de Estudios Índicos y Orientales. Miembro fundador de SelfInstitute.

Iñaki González. Licenciado en magisterio. Entrenador de fútbol.

Ruben Jongkind. Ex Director del Desarrollo de Talentos de la Academia en AFC Ajax Ámsterdam y coescritor del *Plan Cruyff.*

Jim McGuinness. Ex jugador de fútbol gaélico. Entrenador y psicólogo del Celtic Glasgow.

Mehmed Meho Kodro. Ex futbolista profesional internacional y entrenador bosnio.

Marcos Mansur. Co-fundador de Self Institute, actualmente realiza su trabajo desde el coaching noético, facilitando el "ver discerniendo" a través de procesos que permiten integrar la naturaleza esencial del ser humano con su expresión, su inteligencia, sus emociones y su sensibilidad.

Unai Melgosa. Licenciado en Psicología por la Universidad del País Vasco. Técnico deportivo superior en fútbol.

Sergio Navarro. Ex jugador de fútbol profesional. Ex director deportivo del Villareal. Actualmente entrenador en Rusia.

Andrés Palop. Ex jugador profesional de fútbol y actualmente entrenador.

Pilar Ruiz de Gauna. Doctora en Pedagogía por la Universidad del País Vasco.

Eduardo Rubio. Coordinador y entrenador del Milton Keynes Dons FC (club de la tercera categoría de Inglaterra).

María Ruiz de Oña. Licenciada en Psicología por la Universidad de Deusto. Psicóloga con 21 años de experiencia en el Athletic Club de Bilbao, donde fue responsable del Área Psicología y Aprendizaje. Miembro fundador de AIPAF (Asociación Internacional de Psicología Aplicada al Fútbol). Promueve el aprendizaje vital para alcanzar un desarrollo armónico, integral y equilibrado de la persona y de los equipos a través del autoconocimiento, la escucha, la sensibilidad y la intuición.

José Manuel Sevillano. Licenciado en Educación Física. Entrenador de fútbol.

Dr. Mark Stephen Nesti. Doctor en Psicología del Deporte**.** Universidad de Liverpool John Moores. Uno de los más acreditados psicólogos del deporte en el Reino Unido, habituado a trabajar con deportistas y clubes de diferentes niveles de rendimiento: desde deportistas

olímpicos, jugadores y técnicos de la Premier League a futbolistas jóvenes de las diferentes canteras.

Joan Vilà Bosch. Actualmente pertenece al organigrama técnico del Área de Fútbol del FC Barcelona, como director de metodología del club.

Además de los presentes en este índice de autores agradezco la participación y colaboración de David Priestley, Martin Littlewood, Asier Solabarrieta, Xabier Badiola, Miriam Góme-Pastrana, Paz Ocampo, Sandrine Ceballos, Jose Luaces, John Oneil.

Prólogo

Historia de la Asociación Internacional de Psicología Aplicada al Fútbol (AIPAF)

Luis Cantarero, David Llopis, Caterina Gozzoli

María Ruiz de Oña es una veterana en el trabajo de psicología y fútbol. Sin embargo, a pesar de su larga experiencia laboral, su actitud hacia el conocimiento es un ejemplo para todos: siempre haciéndose preguntas. Lejos de dar lecciones magistrales, mantiene una permanente actitud hacia el aprendizaje. No sólo lo pregona, sino que lo pone en práctica manteniendo una coherencia que no es habitual.

Tuvimos la suerte de conocerla en mayo de 2012 durante un congreso de psicología y fútbol que organizamos en Zaragoza. Desde aquel día decidimos, juntos a otros colegas, trabajar conjuntamente. Entre otras cosas, constituimos la Asociación Internacional de Psicología Aplicada al Fútbol (AIPAF).

Como hemos adelantado, del 20 al 22 de marzo de 2012 se celebró en la facultad de Ciencias Sociales y del Trabajo de la Universidad de Zaragoza el "I Congreso Internacional de Psicología Aplicada al Fútbol. Jugar con cabeza". El objetivo del mismo fue reunir por primera vez en España a psicólogos, médicos, fisioterapeutas, preparadores físicos, entrenadores, gestores, futbolistas, etc., que estuvieran trabajando en el mundo del fútbol para intercambiar experiencias reales, cotidianas y mejorar la intervención psicosocial que se estaba llevando a cabo en los clubes nacionales y europeos. Es decir, el congreso tenía un claro carácter aplicado. Nosotros ya sabíamos que se habían celebrado muchos eventos académicos teóricos de psicología del deporte en nuestro país, pero ninguno que reuniera a profesionales en activo de distintos ámbitos (como los mencionados) para mejorar entre todos el trabajo cotidiano de los psicólogos. Insistimos en la idea de que no era un congreso exclusivamente para profesionales de la psicología, sino también para otros con los que interactuamos en el fútbol y sin cuyas relaciones nuestro trabajo psicológico sería imposible y no tendría sentido.

Participaron más de cien congresistas. Distintas personas de prestigio describieron su labor diaria motivando un diálogo muy productivo entre todos. Muchos fueron los ponentes invitados y también las inscripciones, por lo que citar a todos ellos queda fuera del propósito de este artículo. No obstante, sí nos gustaría subrayar que de la clausura se responsabilizó Vicente Del Bosque, al que aprovechamos de nuevo para agradecer su excelente predisposición, totalmente desinteresada, para estar con nosotros en Zaragoza. Fueron muy importantes también las aportaciones económicas de distintos patrocinadores y del Ayuntamiento de Zaragoza, sin las cuales hubiera sido muy difícil materializar el evento.

Este primer congreso culminó con la publicación del libro *Psicología aplicada al fútbol*. Jugar con cabeza, coordinado por Luis Cantarero y editado un año más tarde (en 2013) por Prensas de la Universidad de Zaragoza. Este es un libro colectivo, en el que ha participado buena parte de los colegas que asistieron al citado congreso. El libro es el resultado del trabajo conjunto de 33 autores que en 22 capítulos reflexionan sobre psicología aplicada al fútbol (trabajo con los padres, relaciones con los centros escolares, formación de entrenadores, preparación psicológica de futbolistas, etc.).

Apenas unos días después de la finalización del congreso, David Llopis se ofreció para organizar el "II Congreso Internacional de Psicología Aplicada al Fútbol". Después de un año trabajando en la organización, finalmente, del 4 al 7 de abril de 2013, nos volvimos a reunir en el Campus de Gandía de la Universidad Politécnica de Valencia. Como en el congreso anterior, el grado de participación fue alto y los discursos muy productivos, celebrados en torno a ponencias magistrales y también a talleres más pequeños, donde las ideas pudieron circular mejor y ser más compartidas y analizadas. Además de la novedad de los talleres y de poder compartir e interaccionar de forma más directa con los profesionales de la psicología del deporte aplicada, este II Congreso Internacional posibilitó la realización del "I Encuentro de Psicólogos del Deporte de equipos de fútbol" y de esta forma dar un paso más en el intercambio directo de experiencias y conocimientos entre psicólogos y sentar las bases del movimiento asociacionista que más tarde daría lugar a la Asociación Internacional de Psicología Aplicada al Fútbol (AIPAF).

Durante los congresos mencionados, un grupo de profesionales – Luis Cantarero, María Ruiz de Oña, Caterina Gozzoli y David Llopis- nos propusimos continuar trabajando conjuntamente compartiendo experiencias de intervención e investigación. Éramos veteranos en el mundo del fútbol y la psicología –tanto en investigación como en aplicación-, pero jóvenes en nuestra relación profesional; sin dinero, pero con una

idea clara de proyecto asociativo. Pronto nos dimos cuenta de que compartíamos el deseo de cooperación y que lo nuestro era el trabajo colectivo e interaccionar para ser mejores. Queríamos ampliar nuestras relaciones y, además, nos vimos en la necesidad de proteger jurídicamente las ideas que teníamos, algunas de las cuales (como la organización de los congresos mencionados) ya se habían hecho realidad y habían sido objeto de plagio.

Una vez iniciados los trámites para constituirnos como asociación, el 20 de junio de 2014 recibimos la resolución del Ministerio del Interior sobre la aprobación de la Asociación Internacional de Psicología Aplicada al Fútbol (AIPAF). Los socios fundadores y la primera junta directiva la formamos María Ruiz de Oña, presidenta; Caterina Gozzoli, vicepresidenta; David Llopis, secretario, y Luis Cantarero, tesorero. La sede de la AIPAF se encuentra en la facultad de Ciencias Sociales y del Trabajo, de la Universidad de Zaragoza. En los estatutos tenemos claros nuestros objetivos que se resumen en nuestro deseo de colaborar entre psicólogos y el resto de profesionales que trabajan en el fútbol para mejorar la intervención psicosocial que llevamos a cabo.

Siguiendo con nuestra trayectoria en la producción de conocimiento, David Llopis organizó las "I Jornadas Internacionales de Psicología Aplicada al Fútbol, el entrenador y el desarrollo del talento en el fútbol", que se celebraron el 9 y 10 de abril de 2015 en Florida Universitaria, Catarroja (Valencia). Realizamos este formato académico porque implicaba menos esfuerzo organizativo que un congreso y una relación más directa entre los asistentes. Fueron también un éxito de participación y debatimos también sobre psicología y fútbol, no sólo entre psicólogos, sino entre todos los profesionales implicados en este deporte. De hecho, para nosotros esto sigue siendo una prioridad: interaccionar con los protagonistas del fútbol para entre todos mejorar nuestra intervención psicosocial. Este evento permitió realizar el "II Encuentro de Psicólogos del Deporte de equipos de fútbol" y, de esta forma, seguir ampliando el número de socios y profesionales deseosos de establecer lazos profesionales y debatir diferentes tema en relación a la situación actual de los profesionales de la psicología del deporte en equipos de fútbol.

Casi un año después, David Rincón recogió el testigo y organizó las "II Jornadas Internacionales de Psicología Aplicada al Fútbol", que se celebraron en Valladolid, el 19 y 20 de febrero de 2016. De acuerdo con el mismo formato que las anteriores jornadas, los ponentes invitados y los participantes volvimos a discutir sobre nuestra praxis profesional al mismo tiempo que AIPAF seguía creciendo: aumentaba el número de socios y el de personas que compartían nuestros objetivos. Realizamos también el "III Encuentro de Psicólogos del Deporte de equipos de fútbol", donde continuamos profundizando tanto en temas formativos como en nuestra realidad profesional.

Ese mismo año, del 26 al 28 de mayo de 2016 María Ruiz de Oña organizó el "III Congreso Internacional de Psicología Aplicada al Fútbol", en la Universidad de Deusto, en Bilbao: "Formación y desarrollo del entrenador en el alto rendimiento. El éxito del entrenador depende de cosas que no se entrenan en el campo". Este evento supuso una "revolución" en cuanto al formato usado. Se planteó el trabajo de acuerdo con diálogos, rompiendo la estructura tradicional de un congreso académico, para facilitar el habla entre todos al mismo nivel. Tuvo también una dimensión internacional mucho mayor que en las ocasiones anteriores, ya que vinieron muchos psicólogos ingleses, alemanes, latinoamericanos y de EE.UU.

El planteamiento de este congreso partía de dos claves significativas: una, que hace referencia al objeto de reflexión sobre el que indagamos: la figura del entrenador y la interacción jugador-entrenador en claves de aprendizaje; y otra, que es el método: la reflexión sobre la acción, que se desarrollará en un contexto de diálogo. Reflexionamos sobre nuestras acciones como profesionales de la psicología. Este método se caracteriza por compartir con los otros la experiencia personal, impregnada de conocimientos, creencias, prejuicios, teorías, valores. Es en este intercambio en el que contrastamos y cuestionamos nuestras propias creencias y la de los otros, y es en este acto de interacción en el que las personas podemos adquirir nuevos entendimientos que nos permiten comprendernos en el mundo y proyectarnos a las acciones desde estos nuevos entendimientos y, por tanto, de distinta forma.

Este proceso de construcción de nuevos entendimientos para afrontar las acciones requiere un proceso reflexivo. Para iniciar este camino, AIPAF planteó una indagación conjunta en el congreso celebrado en Bilbao. Este libro es el resultado de este congreso de Bilbao. Desde siempre hemos tenido presente que nuestra asociación debía hacer público el resultado de nuestros diálogos y hoy nos sentimos orgullosos de editar este primer libro como profesionales asociados.

Por último, del 31 de marzo al 1 de abril de 2017, Juan González ha organizado en Almoradí, Alicante, las "III Jornadas Internacionales de Psicología Aplicada al Fútbol, entendiendo el sentido de la formación en el fútbol base". Gracias a los talleres celebrados hemos continuado profundizando en el papel de la psicología cuando hablamos de jóvenes futbolistas. También ha sido un éxito de participación y para AIPAF una excelente ocasión para interaccionar más en profundidad entre los asociados y seguir creciendo como asociación para el conocimiento.

También Raimundo de las Heras organizó en Palma de Mallorca, en colaboración con la unidad de medicina deportiva Mallorca Sport

Medicine, el Consell de Mallorca, la Federació de Fútbol de les Illes Balears, el CE Constància y El Col·legi oficial de Psicòlegs de les Illes Balears, las IV Jornadas Internacionales "Fútbol, Psicología y Trabajo Multidisciplinar". Se celebraron en Palma durante los días 16 y 17 de marzo de 2018. Este fue un evento más que se enmarca dentro de las actividades programadas de formación de entrenadores y profesionales del fútbol que realiza AIPAF.

Para terminar ya solo nos queda añadir que en AIPAF, como cualquier asociación, ya tenemos página web, estamos en redes sociales, celebramos nuestras asambleas y hay 50 asociados españoles, europeos y norteamericanos. De cara al futuro, queremos seguir mejorando nuestra práctica profesional y producir conocimiento en psicología aplicada al fútbol a través de congresos, encuentros y jornadas en España y en el extranjero y posteriores publicaciones de los resultados de estos eventos. Que sirvan también estas líneas para invitar a formar parte de nuestro grupo de trabajo a aquellas personas que comparten nuestros fines académicos y filosóficos. Nuestro deseo no es cuantitativo, sino cualitativo. Es decir, no nos interesa presumir de un ingente número de asociados ni de seguidores en las redes sociales, sino crear y fomentar un lugar de encuentro entre gente del fútbol con vocación de trabajo colectivo.

Nadie mejor que María Ruiz de Oña podía ocupar el cargo de presidenta de AIPAF, porque es una mujer respetada por todos sus colegas y que encarna de manera ejemplar lo que queremos para nuestros asociados: enorme formación teórica con el fin de aplicar el conocimiento psicológico al fútbol y deseos infinitos de aprender. A ello hay que añadir virtudes personales como la tenacidad, la fidelidad, el entusiasmo y una enorme humildad que la mantiene alejada de los escaparates para centrarse en lo importante: el saber.

Su epistemología es innovadora por las ideas que plantea, es un soplo de aire fresco. Alejada de la psicología deportiva oficial-academicista plantea la necesidad de una psicología con mayor profundidad. Alejada de conductismos que crean sujetos autómatas, revindica una aproximación humanista al ser humano deportista para que alcance el mayor grado de autonomía y responsabilidad.

Después de más de 20 años trabajando en el fútbol ha llegado a la conclusión de que para alcanzar este futbolista-ser humano (ante todo), el trabajo del psicólogo tiene que realizarse principalmente con los entrenadores porque son los responsables de la formación del jugador. Ahora bien, para entrenar (enseñar) a un grupo de futbolistas, primero, los entrenadores tienen que aprender a liderarse-se en primera persona. ¿En qué consiste este aprendizaje? No se trata solo de acudir a manuales sobre preparación física, estrategia, sino que el medio para

ser un buen entrenador es la autocrítica: hay que trabajar con uno mismo buscando un conocimiento que consiste en habitar lo no pensado (Elvira Burgos).

> "Se trata de exponerse a la pérdida de sí, en el sentido de cuestionar lo ya conocido y sabido, lo familiar, acostumbrado que como lugar seguro no promueve el movimiento del interrogar crítico sino que, antes bien, fortalece el permanecer inactivo en el camino trazado, sedimentándolo, consolidándolo sumisa y complacientemente. El impulso hacia habitar lo todavía no pensado, lo aún no hallado; ese ánimo que implica el esfuerzo de una transformación profunda de sí" (2014: 120).

Este camino de conocimiento es el que debe recorrer el entrenador para estar preparado y tener capacidad de establecer un diálogo concreto con sus jugadores a través del cual se genera aprendizaje. Un diálogo que no está al alcance de cualquiera porque hablar y desbarrar no es lo mismo que el lenguaje educativo.

Este libro trata precisamente sobre todo esto. Gran parte de los capítulos se escriben en forma de diálogos platónicos, lo que le da al texto una gran riqueza intelectual aunque se aleje de la literatura académica oficial. Ahí reside precisamente su valor, ya que en estos tiempos en que la psicología del deporte aplicada al fútbol ha terminado por banalizarse, la propuesta de María Ruiz de Oña reside en buscar nuevas maneras de intervenir a través de una mayor profundidad en el pensamiento para plantear un verdadero diálogo que genere aprendizaje.

Bibliografía

Burgos Díaz, E., 2014, *Arriesgar el propio ser. Nietzsche, Foucault y Butler*, en D. Pérez Chico y L. García Ruiz (eds.), *Perfeccionismo. Entre la ética política y la autonomía personal*. Zaragoza. Prensas de la Universidad de Zaragoza, pp: 117-137.

Capítulo 1

Presentación. Formación y desarrollo del entrenador

María Ruiz de Oña

1. La relación entrenador–jugador: una oportunidad de aprendizaje para ambos

El III Congreso Internacional de Psicología Aplicada al Fútbol organizado por la Asociación Internacional de Psicología Aplicada al Fútbol (AIPAF) se celebró en la Universidad de Deusto de Bilbao del 26 al 28 de mayo de 2016. Participaron más de 170 personas. Se presentaba como un partido diferente, aunque no menos importante. En la alineación, en defensa, ese jugador que nos mantiene infranqueables cuando aparecen adversidades o cuando nos sentimos desbordados o necesitamos superar líneas de juego vitales, desconocidas y con riesgo: el Aprendizaje. En el centro del campo, nuestro valor, la persona que es la que da sentido al juego. En la delantera, dos puntas: el cambio, que sabemos que es un jugador que tiene resistencias y es incómodo, y la incertidumbre, un jugador que no se deja controlar, que es temido porque se desconoce lo que tiene adentro, pero que está lleno de posibilidades.

Nuestro estilo de juego iba a ser el diálogo, como medio para la comprensión del juego. El diálogo es el mecanismo más humano, más propio y natural del ser humano para aprender y para crear. Sin embargo, cuántas veces recurrimos a soluciones rápidas, metodologías y herramientas externas.

El congreso quería subrayar la importancia de la pregunta, porque lo que nutre al diálogo es la pregunta indagadora. Esta no es la pregunta que busca respuestas rápidas, esas que nos dan seguridad. Es la pregunta que refleja algo de uno mismo y que nos da conocimiento sobre cómo vive uno las situaciones que le vienen. Ahora bien, ¿de dónde emergen esas preguntas? De la escucha y la escucha es la que va a dar estructura a nuestro juego.

Esta era nuestra propuesta de juego para el congreso de Bilbao, que empezó con Mark Nesti dialogando con Cristina Fink sobre cómo nos vamos formando los entrenadores y psicólogos. Nesti se centró en que para ello era importante comprender bien cuál es nuestra labor. Decía, entre otras cosas:

> "Los entrenadores no son profesores, el significado de *coach* y el de *teacher* es diferente. El entrenador saca el conocimiento del jugador; el profesor da, intenta meter el conocimiento al alumno. Son dos movimientos diferentes: uno trata de sacar el conocimiento del jugador y el otro trata de dar el conocimiento al alumno. Claro (continuaba Mark) que sacar ese conocimiento implica relacionarnos, implica dialogar. La mayor parte de nuestro trabajo tiene que ver con dialogar, pero en inglés dialogar quiere decir hablar con las personas, y esto no es suficiente en nuestro trabajo como entrenadores y psicólogos. El diálogo no es solo hablar, sino que es generar conocimiento psicológico sobre uno mismo".

Seguimos profundizando sobre el tema de cómo aprendemos las personas. En otra mesa redonda, Pilar Ruiz de Gauna, David Priestley y Martin Littlewood compartían puntos de vista sobre qué es el aprendizaje. Ruiz de Gauna decía:

> "El aprendizaje es lo que hoy nos une aquí, es parte consustancial de la naturaleza humana, no podríamos vivir sin aprendizaje. Sin embargo, muchas veces ese aprendizaje no está en los espacios en los que nos movemos. ¿Qué pasaría si la sociedad nos denunciara por estar creando personas con cerebros dormidos? Uno aprende cuando genera nuevos entendimientos, nueva comprensión sobre lo que hace y sobre sí mismo. También aprendemos sobre nuestros miedos, rincones oscuros y frustraciones, todos es parte y contenido de la educación, pero lo importante es cómo estamos generando esos procesos de aprendizaje, dónde estamos poniendo el foco. El aprendizaje es vital, no lo puede hacer nadie por nosotros, pero lo que sí puede hacer el entrenador es ayudar a generar conocimiento".

También reflexionamos sobre el factor de la interacción, ¿Qué relaciones construimos con los jugadores? ¿Qué impacto tenemos los entrenadores en los jugadores? Marcos Mansur inició la conversación diciendo que las relaciones son nuestra manera de expresarnos en el mundo, que el tipo de relaciones que creamos hablan de las motivaciones que subyacen detrás (resultadistas, de reconocimiento o seguridad, altruistas) y que todo esto deja una huella en el otro. ¿Qué huella nos dejan las relaciones, todos los vínculos que tejemos nos dejan una huella y también dejamos? ¿Qué huella dejamos como entrenadores en los jugadores? Unai Melgosa decía:

> "Hay un hecho importante cuando se es entrenador y es ser capaz de ver al otro. A veces la huella que a mí me han dejado me impide ver al otro porque esa experiencia juega en mi contra, mi reto es darme cuenta que está surgiendo en mí en esa relación. Cuando hablo de relaciones hablo de una relación completa que nos hace crecer al jugador y a mí, no hablo de *colegueo* u otro tipo de relaciones".

Cristina Fink contaba una experiencia personal, la huella que le dejo su entrenadora:

> "No decir no puedo, creer en ti mismo y tener la apertura a lo que soy capaz de hacer".

Pero ¿cuál es el papel del jugador en la relación? Christian Luthardt respondía:

> "El papel del jugador es que asuma su responsabilidad de aprender y que nosotros por mucho que sepamos de psicología o táctica respetemos que es su proceso de aprendizaje, que no es el nuestro, que él lo está haciendo para él y no para nosotros".

El congreso también acogió a personas que estaba dirigiendo o dirigen las academias de clubes de fútbol profesional: Villareal, Barcelona, Athletic de Bilbao, Ajax, Milton Keynes Dons FC. Ruben Jongkind decía:

> "El marco social está cambiando. La sociedad es menos patriarcal, hay menos respeto a la autoridad en general. La tecnología ha crecido mucho, eso hace que los niños aprendan de manera diferente. La demografía también ha

> descendido, la economía está difícil, en el mundo profesional se gana mucho más dinero que en las etapas de formación, por lo que se pueden tomar decisiones pensando más en la proyección personal de uno que en el jugador. Todos estos factores y otros más son riesgos que pueden influir en la formación del jugador y debemos adaptarnos a ellos".

Joan Vila hablaba sobre cuál era el rol de los directores de academia. Según él, la formación es parte de su responsabilidad, a lo que añade la ilusión por ser mejores cada día tanto los jugadores como los entrenadores. Sergio Navarro definía su rol como paciencia y negociación. Jongkind también habla de paciencia:

> "Una cosa es decir algo y otra es vivirlo, las estructuras tienen viejas costumbres y aparecen muchas resistencias al cambio. Los entrenadores necesitan saber adónde quieren ir y eso hace necesario tener paciencia".

José Manuel Sevillano añade tres funciones de su rol:

> "Acompañar entrenadores es una de las funciones, generar espacios para que puedan compartir entre ellos es otra y finalmente crear espacios cuestionadores con los propios entrenadores, que son los que van a trabajar eso mismo con los jugadores"

Esto abrió otra pregunta. ¿Cómo creamos ambientes de aprendizaje para el entrenador? Para Sevillano hay que evitar dar respuestas a los entrenadores, que ellos busquen soluciones, que vivan su proceso y tomen sus decisiones, ya que esto mismo también se lo pedimos a los jugadores. Si pensamos en jugadores conscientes también necesitamos hablar de entrenadores conscientes, conocer más de ellos mismos y ser coherentes. ¿Cómo lo hacemos? Sergio Navarro dice:

"Generando confianza, haciendo grupos pequeños de entrenadores, les pregunto cómo ven el fútbol. Generamos debate con el objetivo de establecer relaciones con los entrenadores. ¿Qué tipo de jugador necesitamos? Y volvemos a debatir y así llegamos al entrenador ¿Qué haces tú para conseguir este tipo de jugador? A partir de aquí surgen excusas: 'Nos piden ganar', dicen por ejemplo. Esta es la parte más

difícil. Necesitamos acompañar al entrenador a que se supere y trabajamos viendo qué hacen en los entrenamientos y si son coherentes".

Joan Vil insiste que lo primero es tener una idea: pide firmeza, fidelidad y coherencia. Además, hay que rodearse de personas afines que crean en esta idea. Y para ello una pregunta clave es cuáles son los objetivos del entrenador para poder integrar su objetivo individual con el reto de formar jugadores.

Con este magnífico diálogo fuimos cerrando la sesión de trabajo. Al día siguiente nos esperaba temas como el equipo, donde Sabino Ayestarán decía que hay tres modelos de trabajar equipos: terapéuticos, de mejora y de innovación. Para él, los equipos de fútbol se parecen a estos últimos, simplemente porque la base está en la creatividad y en la memoria transactiva que es la memoria colectiva de los equipos. Jim McGuinness nos habló de su experiencia como entrenador de fútbol gaélico en Donegal, donde tuvo que construir una cultura ganadora cambiando la mentalidad que sus jugadores tenían ante la competición.

El congreso se cerró con Ernesto Valverde, Sito Alonso, Jorge Dueñas y Javier García de Andoín con temas como el cambio que derivaron en preguntas como las siguientes: ¿Cómo trabajamos el cambio con los jugadores? ¿Cómo nos afecta lo nuevo, lo diferente? ¿Qué valor damos a la incertidumbre? ¿Cómo integramos el futuro emergente en nuestro día a día?

2. ¿Por qué elegimos al entrenador como eje central del congreso?

Los entrenadores son los que transmiten los contenidos, el estilo y la identidad. Son los que promueven el aprendizaje. Para ello necesitamos comprender el sentido de formar jugadores, sino no estaríamos atendiendo a la necesidad real del jugador ni del equipo ni de la organización, porque no se estaría comprendiendo dónde tenemos que enfocar nuestra atención.

En mi opinión, el rendimiento se puede explicar como una propiedad emergente, que surge de la puesta en marcha de un modo sincronizado de muchos elementos. Sin embargo, entre estos elementos, el impacto del entrenador es el que más influye en posibilitar o bloquear la formación del jugador. Para entender el impacto que tenemos en los jugadores, necesitamos ser conscientes de cómo generamos ese impacto y qué consecuencias tiene. Por ello, tenemos que entender qué y a quién estamos liderando, lo que nos dirá qué competencias nece-

sitamos tener y cuál de ellas necesitamos mejorar. Porque trabajar con deportistas amateurs y de alto rendimiento es un proceso complejo, ya no se trata sólo de meter goles: queremos que el jugador piense, que comprenda el juego, que se comunique, que maneje las adversidades, que canalice sus emociones y que funcione dentro de un equipo, es decir, queremos que sepa competir.

Hoy en día, el deporte de alta competición es cada vez más exigente, no sólo en lo referente a los conceptos físicos y tácticos, sino en relación a otros aspectos que a veces no son tan claros, como por ejemplo, crear relaciones, transformar, gestionar, crecer, desarrollar a las personas, afianzar proyectos. Por ello, hoy los espacios profesionales en torno al jugador tienen que permitir que afloren más y nuevos recursos.

Esta pretensión nos lleva a una serie de cuestiones sobre nuestro trabajo: ¿Estamos creando espacios para poder desarrollar todo esto? ¿Cómo lo hacemos? ¿Estoy desarrollando ese espacio en mí? ¿Lo que yo facilito como entrenador o psicólogo es realmente todo esto? En definitiva, este reto nos lleva a nuestros límites como profesionales, lo que nos obliga a ampliar nuestro conocimiento y la comprensión de dónde estoy como entrenador o psicólogo y dónde necesito estar.

Todo ello implica mirar el aprendizaje como un valor para aquellos que trabajamos en el entorno del jugador: entrenadores, preparadores físicos, médicos, fisioterapeutas, directivos, psicólogos. En consecuencia nace una serie de cuestiones que resolver: ¿Por qué hoy en día necesitamos aprender? ¿Qué entendemos por aprendizaje? ¿Cuáles son los ejes de la mejora profesional? ¿Cuáles son los ejes que nos llevan a hacer mejor lo que hacemos?

Cuando nos encontramos ante una necesidad de mejorar algo, nos preguntamos qué está pasando, nos sentimos perdidos, no sabemos muy bien qué hacer. En un primer momento nos agarramos al mantra de redoblar el esfuerzo, pero cuando el más de lo mismo no conduce a un mejor resultado, estamos ante una realidad no lineal y por tanto es el momento de realizar cambios cualitativos, pasando del cuánto (hacer más) al cómo (hacer diferente). Necesitamos reflexionar sobre qué estamos liderando. Ello nos va a decir qué competencias necesitamos desarrollar y cuáles de éstas necesitamos mejorar como profesionales.

3. ¿Qué significa trabajar desarrollando talento desde la perspectiva del desarrollo del entrenador?

Un primer paso es comprender a qué nos referimos al afirmar que trabajamos desarrollando talento, porque nos referimos a muchas cosas y probablemente no todas tengan cabida. Ante todo, hay una que tiene que estar en el origen: el desarrollo del talento en el otro empieza por el desarrollo de talento de uno mismo, porque hace falta talento para desarrollar talento. En este caso, si hablamos de entrenadores, el desarrollo del talento del entrenador es clave para sacar y potenciar el talento del jugador. Esto implica un cambio de enfoque, porque el éxito del entrenador no solo depende de lo que se entrena en el campo. Para ello hay algunas premisas que resultan básicas:

- Desarrollar talento me obliga a ir más allá de mis competencias. Nos exige más de lo que uno sabe. Cuando se entra a trabajar en un club de alto rendimiento, donde el foco es el desarrollo del talento, no podemos ir pensando que es suficiente con mi experiencia como jugador, entrenador o psicólogo. La mayoría de nosotros pensamos o hemos pensado alguna vez que estamos preparados para desarrollar talento o formar jugadores; es más, pensamos que nuestra propuesta es de gran valor. En mi opinión, partir de esta premisa (estoy preparado) es una equivocación y no juzgo que esté o no preparado, pero el planteamiento inicial hoy en día es otro. No se trata tanto de estar preparado para desarrollar jugadores, sino de estar abiertos a comprender la realidad que tengo delante.
- El desarrollo del talento es algo inacabado. Si vamos en la condición de expertos, estamos limitando el desarrollo del jugador, porque entonces trabajamos desde el yo ya sé todo y te voy a enseñar. Porque trabajo desde mis aprendizajes pasados, no desde las posibilidades futuras que puedan ir apareciendo en el jugador.
- Desarrollar talento es una tarea colectiva. A veces, hay un entrenador o un coordinador que tiene una visión de desarrollar jugadores. Sin embargo, el desarrollo de talento es algo de mayor calado, es una reflexión macro que abarca a toda la organización. Se debe realizar desde una perspectiva organizacional. Los entrenadores, psicólogos y el resto de profesionales necesitan tener claro para qué y para quién trabajan. Los clubes necesitan establecer un enfoque común donde los profesionales dejen de trabajar de forma individual y entiendan que ellos están allí para el club y no viceversa. Sin embargo, cómo se lleva todo esto en el día a día es clave. Hay veces que este enfoque común es meramente un inter-

cambio de intereses, es decir, nos juntamos para conseguir unos objetivos (formar jugadores, ganar ligas) y los entrenadores y demás profesionales aportamos nuestro conocimiento, experiencia y el club nos reporta un salario. Un proyecto común en el que los profesionales se unen a él a través de un intercambio de intereses. Es decir, hacer una tarea y obtener unos resultados, se lee en forma de si los hemos conseguido o no. Aquí no hace falta hablar de la necesidad de una tarea colectiva. El lenguaje, el contexto de un proyecto común y colectivo es distinto del intercambio de intereses. Tiene que ver más con el desarrollo de competencias y capacidades y la puesta en práctica de esa inteligencia colectiva. Nos unimos para crear, para crecer... y aquí la creatividad, el aprendizaje individual y colectivo, los errores, la tolerancia al fracaso, las emociones, son el material del día a día.

- Un proyecto común ha de ser un contexto de aprendizaje en el que se posibilite que todas las personas confluyan y aboguen por un objetivo común a través de su crecimiento personal y profesional. Y este es un proceso muy complejo que exige no sólo del desarrollo de una competencia técnica, sino de capacidades y potencialidades personales. Por ello, el desarrollo de los profesionales, su capacidad de aprendizaje, será un factor influyente en el crecimiento cualitativo y cuantitativo del club. Cuando trabajamos para desarrollar jugadores y personas no hay lugar para los egos individuales. Los profesionales que trabajan alrededor del jugador necesitan entender que no son el centro del universo, sino que son parte de un sistema mucho mayor que ellos. Los profesionales deben darse cuenta de que son parte del proceso del desarrollo del jugador. Este proceso de cambio genera resistencias, confusión y muchas veces nos hace sentir vulnerables. Cuando pertenecemos a un sistema, a veces sentimos que perdemos poder y, en efecto, algo perdemos. Otras veces tenemos miedo de perder conocimiento y aquí es todo lo contrario, lo ganamos. En otras ocasiones, los profesionales creen que pierden autonomía y es cierto, porque el hecho de pertenecer a un sistema hace que perdamos algo de autonomía, pero lo que nunca se pierde es la esencia de cada uno, el valor que cada uno posee. La capacidad de comunicar y transmitir, de relacionarse, la capacidad de aprender y de enseñar; es decir, el valor que vamos a añadir al deportista. En mi opinión, esta esencia es lo que necesita crecer y madurar en los profesionales. En conclusión, para desarrollar talentos no se trata sólo de juntar a los mejores profesionales, sino de que ellos trabajen de manera conjunta. Las diferentes áreas que intervienen en la formación del jugador, la futbolística, la preparación física, el área médica y el área psicológica-personal no deberían

existir separadamente, sino integrados en una acción conjunta. Si consideramos a estos soportes un fin en sí mismo, el resto, en este caso el jugador, pasa a ser un medio para ellos.

- El desarrollo del talento no tiene atajos. Es un viaje largo a través de uno mismo. Para el desarrollo de talento o para el alto rendimiento hay que optar por la vía difícil si se quiere un cambio real. En este viaje no caben atajos, no hay viajes cortos ni superficiales (videos motivacionales, slogans, soluciones rápidas). Muchos entrenadores, profesionales y psicólogos buscan recetas, compran tecnología, recopilan ejercicios, copian sistemas de juego de equipos profesionales y se aferran a las *quickfix solutions*, pero ni los ejercicios, ni el análisis de videos por sí solos desarrollan talento. Hay un gran vacío al desarrollar personas con este tipo de acciones. La cuestión es que esta vía difícil implica aprender y comprender. Partimos del hecho de que existen miles de recetas sobre cómo desarrollar talento y el potencial de las personas. Sin embargo, la mayoría de estas recetas se orientan a dar información técnica y teórica de gestión y se olvidan de desarrollar a la persona que está y vive en ese proceso. Las recetas y las herramientas por sí solas no bastan para resolver este reto. Como cualquier instrumento, estas herramientas necesitan un usuario consciente, capaz de aplicarlas de manera efectiva y que pueda ajustar las ideas generales y abstractas a la situación particular y concreta que afronta.

Muchas veces el cumplimiento de todas estas premisas mencionadas anteriormente implica la transformación de la cultura de un club. Sin embargo, primero se debe afrontar una transformación personal, porque la legitimidad para pedir que cualquier institución se transforme tiene veracidad cuando esta exigencia ha fecundado primero en uno mismo.

Todo esto nos confronta con nosotros mismos, con nuestros deseos y necesidades, con nuestras creencias y esquemas mentales, con lo que hacemos y cómo lo hacemos. Por tanto, necesitamos revisarlo, no sólo en el plano individual, sino también en el colectivo, y así surgen nuevas preocupaciones: ¿Qué implicaciones tiene este cambio en nuestro desarrollo profesional y personal como entrenadores o psicólogos? ¿Cómo nos construimos como profesionales?

Sobre estas cuestiones se reflexionó durante todo el congreso y en este libro aparece el resultado final de este proceso de pensamiento. La peculiaridad de los diferentes textos escritos del libro, lo que lo convierte en único y atractivo, es cómo se han redactado los distintos capítulos mezclando textos académicos con transcripciones de diálogos de los profesionales del fútbol y descripción subjetiva, muy reflexiva, de vivencias propias. Como verá el lector, se ha decidido conservar lo más literalmente posible el diálogo introspectivo y el que se ha dado entre los interlocutores, como si se tratara de un texto platónico (salvando las distancias) sobre sus propias experiencias, sus experiencias profesionales y sus autocríticas personales. Hemos decidido hacerlo así para que sea el propio lector el que extraiga las ideas fundamentales, el que lleve a cabo la labor de síntesis, el trabajo de transcripción, la búsqueda de buenos argumentos. Si el congreso tuvo como filosofía romper con la estructura tradicional de este tipo de eventos, también el libro ha querido conservar esta ruptura institucional.

Para terminar, no me queda nada más que añadir que en el congreso participaron un estupendo elenco de profesionales de la psicología de Europa, Estados Unidos y Latinoamérica. También entrenadores y gestores de clubes de fútbol. A algunos de ellos los hemos citado anteriormente; otros incluso aparecen en los textos escritos del libro. A todos ellos les tenemos que agradecer su participación, pero, sobre todo, queremos decir que estamos muy agradecidos a todas aquellas personas que participaron como asistentes, porque al margen de que los ponentes puedan proponer mejores o peores ideas, no cabe duda de que un evento como el que celebramos pudo considerarse un éxito sobre todo por la presencia de numerosos participantes anónimos que vinieron de toda España y también desde el extranjero con un interés enorme por el aprendizaje.

Capítulo 2

Principios del aprendizaje

Javier García de Andoín

1. El lugar del aprendizaje

Aprender y amar son los actos vitales más esenciales al ser humano, los que le dotan de sentido y sostienen su identidad y sus actos. Aprender es tan innato como respirar e imprescindible para vivir. Podemos respirar mal. Ese mal está construido por una red tensional que poco a poco se fija y se automatiza en el organismo, lo atrapa como una coraza y se activa en el mismo momento en que lo hace la mente. Esa coraza puede ser tan rígida en un momento determinado que atente contra el propio organismo, contra su salud. Sucede lo mismo con el impulso de aprender.

Vivimos atrapados por un patrón que colapsa el aprendizaje. El deterioro de la calidad por la cantidad es la marca de la crisis de nuestra civilización. Sólo lo mensurable, los datos, se percibe como real y se acepta exclusivamente como el valor del saber. Todo lo demás es apartado, cuestionado o simplemente colocado en un plano secundario. Desgraciadamente el amor, el sufrimiento, la pasión, el entusiasmo, no son cuantificables.

Este modo en el que hemos contraído el aprendizaje tiene importantes consecuencias, tanto en el orden del desarrollo personal como social. Seguramente la más severa de todas ellas es la de anular en el ser humano su pensamiento crítico, su toma de decisiones, su capacidad de generar expresiones nuevas y, en última instancia, de explorar su creatividad. Desde luego hemos creado un sofisticado sistema de compensaciones para tratar esta herida, esta fractura vital. La más cruel de todas es la de suplantar nuestra capacidad de aprender y con ella la de sostener nuestra propia identidad por el simple hecho de conocer.

Conocer es una de las cosas más fáciles en la vida. Puede que lleve tiempo y quizás algún sufrimiento, pero resulta simple. Se puede estudiar una materia, leer libros, experimentar bajo la tutela de los supervisores de moda, acudir a la verdad absoluta de la ciencia o simplemente delegar en el otro y hacer lo que se debe. Conocer requiere alcanzar una cierta cantidad de contenidos para adaptarse a una situación y actuar dentro de ella.

El conocimiento prepara personas suficientemente capaces para soportar la presión de un sistema. Hoy estar formado significa participar activamente de una cultura común. Responder a lo que las circunstancias pidan, ser eficaces. La eficacia, la cualificación con la que nos preparamos para este reto fija paradójicamente las leyes de los modelos en crisis. Se trata de un progreso que no cambia esencialmente nada, aprendemos a conocer muchísimas cosas sabiendo muy poco.

¿De qué manera el peso de esta memoria nos permite aprender? Creo que es imprescindible detenerse en el significado de lo que realmente significa aprender, volver al origen. Cuando un sistema se encuentra en crisis, responde a ella tratando de cambiar un patrón por otro sin entender realmente el origen de esta crisis. Aprender significa volver al origen, a la respiración natural. Este movimiento a los principios, al lugar donde sucede el acto de aprender, es lo más próximo a la naturaleza humana, debe ser vivido por uno mismo.

Respirar no puede delegarse en otro. Desgraciadamente los modelos educativos desde la escuela a la cultura de cualquier organización tienden a estandarizar. Para esta cultura el pensamiento crítico, la diferencia, la singularidad, constituye una amenaza.

El conocimiento adecuado sólo es posible si somos capaces de situarlo en un contexto que vincule al mismo tiempo la dimensión personal y social del ser humano, que concilie la diversidad con la totalidad.

Para volver al lugar del aprendizaje debemos interrogarnos si realmente tenemos el deseo de aprender, si lo que queremos es adquirir una cualificación, dotarnos de herramientas o simplemente ser más competitivos. No podemos cuestionarnos el significado del aprender con toda su enorme fuerza vital y creadora si todo ello está impregnado de una sombra, de una intención oculta, de un pragmatismo frío y ácido.

Para comprender debemos, en primer lugar, situar la cuestión allí donde debe realizarse. ¿Qué deseo aprender? ¿Qué busco realmente? Sin la excusa, por otro lado, tan sospechosa de diferenciar lo que hago de quien soy. No hay excusas. Somos como vivimos, lo que decimos, lo que pensamos y cómo nos relacionamos con el mundo.

2. La pregunta

Los seres humanos deseamos vivir algo que nos dé plenitud, sentido, experimentar sinceramente algo que trascienda la rutina. Esta necesidad nos empuja a revisar lo que hacemos, despierta en todos nosotros la necesidad de adquirir competencias, capacidades, depurar emociones tóxicas o simplemente la de considerar el cambio (equipo, pareja, idioma) como un factor necesario para alcanzar ese anhelo de veracidad. Y si afortunada o malévolamente sucede que uno alcanza ese momento de plenitud: ¿Cómo podré repetirlo? ¿Cómo podré volver a él? Y si la rutina, el azar o la educación han sofocado toda posibilidad de que ese momento brote, entonces nos queda el consuelo del mañana. De alcanzar ese mañana siendo más capaz, entrenando mejor, evitando las distracciones inútiles y reforzando mi "libreta de estrategias".

Sin embargo, no hay aprendizaje, conocimiento y cambio, sin preguntas. La pregunta constituye la naturaleza misma del conocimiento. Una pregunta es a menudo mucho más importante que una respuesta. Y si la pregunta se formula correctamente libera en sí misma la comprensión y el aprendizaje.

Desde luego que los nuevos códigos sociales alientan las preguntas en el desarrollo de cualquier modelo de formación. Una pregunta en sí misma no cambia nada, no genera nada. Podemos simplemente preguntar o interrogarnos y volver al lugar de partida.

Debemos, en primer lugar, comprender cuál es el propósito de la pregunta. La mayor parte de estas prácticas de aprendizaje dialógico ignora realmente el vigor de la respuesta, su diferencia, su autenticidad o su contradicción. No interesan respuestas vivas, sino respuestas que sean fieles a los presupuestos de la pregunta, al orden del que parten. En este tipo de prácticas, el propósito de la pregunta no sólo las hace innecesarias, sino que las hace completamente estériles. Son preguntas sin valor, se trata de un modelo superficial, la respuesta está siempre dictada de antemano, condicionada por su motivo, su propósito, su dirección.

¿Podemos generar preguntas sin este peso del condicionamiento, sin ahogarlas bajo la sombra de sus expectativas? Sin duda, una pregunta que permita aprender, que genere esta fuerza creativa requiere de ser formulada de un modo correcto. La impaciencia, la falta de una relación sincera impide que la pregunta pueda formularse correctamente. Este tipo de preguntas estériles no solamente crea una sombra de escepticismo, de desconfianza, sino que alienta un complejo panorama de prejuicios y opiniones.

Interrogar de este modo no tiene ningún valor, debemos volver al origen de lo que significa aprender, dotar a la pregunta de una enorme capacidad de escucha y nutrir esta escucha de uno mismo.

3. La escucha

Escuchamos, leemos, indagamos y de inmediato la mente reacciona. Activamos una batería de creencias, de supuestos. Escuchamos casi siempre partiendo de una conclusión y cualquier argumento, no importa su signo, sirve para validarlo.

Hemos aprendido a escuchar sólo lo que nos es útil para afirmar o negar nuestras propias creencias. Se trata de una escucha condicionada, reactiva ¿Podemos escuchar de un modo global, sin defensas? ¿Podemos escuchar sin activar inmediatamente el juicio de si algo es bueno o es malo? ¿Cómo escuchamos? Escuchamos a través de un filtro. Vemos las cosas como creemos que han sido o deben ser, no como realmente son. No podemos escuchar con defensas, la escucha exige dotarse a uno mismo, a quien escucha y a lo escuchado de una total libertad.

4. La libertad

¿Cuánto tiempo invierte nuestro pensamiento en defenderse? ¿Qué cantidad de estados de ánimo, de decisiones están construidas únicamente para protegernos? ¿Es posible aprender desde esta defensa? ¿Cómo puede esa capacidad humana y humanizante del aprendizaje liberarse de este mecanismo tan arraigado de la defensa?

Los mecanismos de defensa los hemos aprendido, cultivado cuidadosamente, incorporado con extrema precisión en el mundo que nos rodea hasta tal punto, que aun declarando lo contrario, las personas y las organizaciones apuestan sin ninguna duda por la seguridad y no por el riesgo del cambio.

La libertad no es una estrategia, un momento en la vida, la libertad no puede estar condicionada a esto o aquello. Es sólo desde esta libertad primera y última que es posible aprender, descubrir, al igual que un científico o un artista.

Cuando cuestionamos la libertad inmediatamente aparece todo un mundo de defensas, de prejuicios, de miedo, de toda la carga de intenciones propias o ajenas que hemos ido acumulando en el tiempo. Y

cuando me doy cuenta de esto, cuando comprendo cómo activo toda esta herencia en mí, comienzo a ser libre. El aprendizaje, como el amor, sólo es posible desde una entera libertad. Aprendemos aquello que amamos. El aprendizaje es un acto vital.

5. El aprendizaje vital

Estamos muy acostumbrados, confortablemente acomodados, a vivir los cambios a medias, a cambiar de un modo fragmentario. A menudo planteamos el cambio de un modo compulsivo o simplemente como un medio más de perpetuar nuestro universo de defensas. Puede que este cambio sea espurio o quizás alentado por una intención ética, pero en cualquier caso no conduce a ningún lado.

Reaccionar agresiva o pasivamente no transforma nada. Hoy hay un gran movimiento, no siempre sostenido por valores legítimos, de transformar las organizaciones, de humanizarlas. Tantas estrategias, tantas recetas, tantos motivadores infalibles, tantos videos en Internet… la velocidad con la que surgen nuevas propuestas es directamente proporcional a su vida útil. Todo este movimiento, salvando honrosas excepciones, crea demasiado pronto un halo de escepticismo, de decepción, que no hace sino fortalecer los cimientos de nuestra muralla defensiva.

Todas estas panoplias de recetas quizás tengan algún efecto temporal, pero pronto, cuando el conflicto se hace un poco más intenso, se caen por su propia inconsistencia. Quizás dejen un espacio a la esperanza, una pequeña cuota de confianza en los espíritus más frágiles, pero siempre indefectiblemente tiñen todo de una sombra de desencanto.

¿Podemos de un modo inteligente, sensible, veraz, recuperar el asombro? ¿Mirar lo que sucede, lo que vivimos y cómo lo vivimos sin defensas? Necesitamos saber si es posible de algún modo vivir, actuar, aprender de un modo más auténtico, quiero decir, más cerca de nosotros mismos. Creo que es esto lo que la mayor parte de las personas están buscando, no sólo en su vida personal, también en el desempeño de su actividad profesional, como deportistas, como entrenadores o como responsables en el equipo.

Anhelamos una vida que tenga significado. Podemos abordar esta demanda desde un punto de vista crítico, especulativo, desde la herida o el entusiasmo por construir un mundo mejor. Todos estos estados de ánimo ocultan una intención que captura el poder de la pregunta. Sin embargo, una pregunta vital debe realizarse en un espacio extremadamente fresco, libre, vacío, sin tratar de encontrar fórmulas, garantías. Entonces la pregunta despierta una enorme capacidad de aprender.

No aprendemos algo, despertamos la capacidad vital de aprender sin escindir el conocimiento del que conoce, la parte del todo.

6. La mirada inocente

Durante nuestra historia vital generamos un número de experiencias que van conformando un eje emocional. Este eje emocional actúa transversalmente a lo largo de toda nuestra historia humana creando un modo de ser, de estar ante el mundo. Estas cargas emocionales pueden en un momento determinado anular todo aquello que hemos adquirido, bloquear el acceso total a lo que ya sabemos o pueden que actúen en el sentido contrario, eclosionando de tal forma que las creencias y los límites que uno acepta pierdan su peso y nos abran vías de paso.

Quizás algunos de ustedes hayan aprendido a mirar las cosas desde una perspectiva comprensiva y a entender quién soporta las emociones y quién las valida. La totalidad de nuestra conciencia está dividida entre el observador, el experimentador, el pensador; por otro lado están los pensamientos, las experiencias, lo observado. Una persona puede sentir miedo y observarlo, este miedo se percibe en un lugar distinto de quien lo observa. Existe una división interna que solamente se rompe en algunas experiencias cumbre.

Quiero detenerme en este punto y subrayar que esto puede ser aceptado intelectualmente, pero comprenderlo realmente es algo distinto. Es imprescindible descubrir cómo uno mira, cómo se mira a sí mismo, quién es el que mira ¿Soy realmente diferente de lo que siento? Éste es el movimiento del aprender, aprender como algo vivo, dinámico. Quienes somos educadores o terapeutas sabemos que enseñar, acompañar en un proceso terapéutico, es un magnífico medio para saber de uno mismo. Cuando el observador participa directamente de lo observado, todo adquiere un gran dinamismo y éste es un movimiento vivo, que no genera residuos, que no alienta agendas ocultas. Todo lo que se oculta genera una tensión por mostrarse y antes o después, no siempre de un modo amable, lo hace.

Cuando miro a un jugador, o a un árbol, lo hago desde el peso de mis creencias, con toda la carga de un registro de expectativas, de experiencias valoradas de un modo o de otro. El árbol, el jugador, activa todo ese bagaje. Entonces, cuando miro algo: ¿qué estoy mirando realmente? Si soy sincero, me doy cuenta de que ignoro el árbol o ignoro al jugador, esa mirada, que es una extensión de mi propia necesidad, se convierte en una fructífera región de paso, de saber. Esta región de paso requiere una reflexión profunda.

Es necesario que subraye que cuanto aquí planteo no tiene nada de misterioso o filosófico. Si se comprende, se actúa. Se actúa en las cosas sencillas, inmediatas, que tejen el día a día. No se actúa mañana adornándolo con la mediocridad de un curso *ad hoc*.

La inteligencia requiere una alta dosis de sensibilidad. Sólo puede haber sensibilidad cuando el cuerpo es sensible. Si se está dispuesto a escuchar con sinceridad, la mente y el cuerpo se vuelven inusitadamente atentos, despiertos. Sucede entonces, que la cuestión del aprendizaje, no importa cómo se suscite, es algo vivo.

En estas condiciones aprendemos vitalmente en cualquier situación, no importa si se trata de un momento frágil, sutil, incierto o, por el contrario, de un momento intenso, lleno de vigor y confianza, siempre con significado, siempre vivo. Mirar con la verdad, con la inocencia que tiene la mirada de un niño, de un poeta.

7. El reto de vivir

Vivimos con un gran desencanto, con una sensación de rutina, aprender de nuevo a situarnos en el mundo, a relacionarnos con la vida, es algo urgente. El aprender al menos tiene dos contenidos. El que está relacionado con la formación, la competencia, los procesos tanto de datos como de experiencias o de habilidades y, por otro lado, el contenido que está relacionado con la propia identidad. Como uno se siente o se vive a sí mismo. Este aprendizaje, llamémoslo psicológico, se construye no sólo desde las experiencias vividas, sino también desde el mundo adquirido (familia, lengua, cultura).

En realidad, no hay una línea de demarcación clara entre los dos modelos. En este artículo no me ocupo del aprendizaje funcional que tiene su propia arquitectura y pedagogía, no nos ocupamos de la adquisición de una destreza. La cuestión de aprender tiene que ver con lo que soy y el reto de vivir. Constantemente traducimos la vida como un reto de acuerdo a lo que hemos aprendido. Éste es un punto clave, porque aprender y vivir significa generar algo nuevo.

Adquirir nuevo conocimiento o experiencia es un proceso aditivo. Aprender significa, sin lugar a duda, afrontar el conocimiento con una inteligencia despierta, fresca, sensible. El aprendizaje surge de la vida y vuelve a ella, éste es el reto.

8. La mirada sensible

Una mente sensible, que aprende de un modo global, con el cuerpo, con todo su bagaje asertivo y todo el vigor de su incertidumbre, no actúa en base a lo que ha adquirido, sino que aprende mientras actúa. La vida es movimiento, un inmenso río de gran profundidad y belleza.

Cuando me muevo en lo que ya sé o en discursos con una lógica tan rotunda como estéril "fútbol es fútbol", el aprendizaje se colapsa totalmente. Debemos recuperar aprendizajes que den valor, significado a lo singular y a lo múltiple. Necesitamos generar intercambios, aprender de otras miradas; sin duda, en el flujo de ese intercambio, de esa diversidad, se genera vida, se alienta el talento, se crean raíces suficientemente fuertes para afrontar el conflicto y dar fruto al mismo tiempo. No debemos temer a equivocarnos. Las equivocaciones, si surgen de decisiones meditadas y libres, son una parte esencial del movimiento del aprender. Debemos únicamente temer la pasividad, el escepticismo, el encontrar la motivación sólo en una pantalla de plasma, o aceptar la falta de tiempo como una excusa para esta resistencia.

Recuperar el flujo de ese río, requiere en primer lugar de una intuición, de un deseo y de una paz personal. No se trata de un pequeño lugar de tranquilidad, sino de encontrarse seriamente involucrado en la cuestión del aprender, sin excusas, sin esperar a mañana.

No basta con una voluntad asertiva si esta demanda está latente, requiere un compromiso eficaz y constante. Acciones concretas ética, estética y funcionalmente ordenadas. Activar esta fuerza solamente es posible en un entorno de confianza donde uno mismo y el otro no supongan una amenaza.

Si eso es posible, nuestro trabajo no estará impulsado por el éxito. El éxito ocupa un momento en el proceso del aprendizaje. Nuestra tarea como educadores o formadores, como psicólogos, entrenadores o como deportistas, se sostiene en el deseo vital de aprender, en el despertar de una mirada sensible. Este deseo libera talento y alegría. Una alegría que no tiene objeto, que no depende de nada, que no tiene motivo y que significa simplemente vivir.

Capítulo 3

La formación del entrenador. ¿Cómo se entrenan los entrenadores para desarrollar el talento de los jugadores?

María Ruiz de Oña

1. Introducción: ¿Cómo se entrenan los entrenadores?

A la hora de redactar este capítulo mi propósito es que el lector interactúe con el texto y que su lectura le haga reflexionar sobre sí mismo y su trabajo. A mi juicio, hay cuatro factores de crecimiento de los entrenadores que son imprescindibles para desarrollar el talento de los jugadores: factor humano, interacción, entrenamiento y competición.

El factor humano recoge las habilidades y recursos propios de la persona. Cuando hablamos de entrenar el factor humano hablamos de comprender y conocer la parte más personal del entrenador. Está relacionado con el autoconocimiento y con la capacidad de aprender. Muchas veces nuestro estilo de funcionamiento personal tiende a ser muy perfeccionista, a sobreprotegerse, a no valorarse. Hay veces que nuestra "manera de ser" dificulta el aprendizaje.

El factor interacción indica que es a través de las relaciones como nos vamos construyendo como personas. El impacto que el entrenador tiene en el jugador puede aumentar o disminuir la formación del jugador. Por ello, para entender este impacto necesitamos ser conscientes de cómo lo generamos y qué consecuencias tiene.

El factor entrenamiento es el mayor espacio que comparte el entrenador y el jugador. El reto hoy en día está en dar calidad al proceso de enseñanza-aprendizaje que se da en este espacio, y para ello hay que crear un contexto de aprendizaje dentro del entrenamiento, ya que éste por sí solo no lo genera. La preparación del entrenamiento ya no se reduce a organizar un material, a los jugadores y a elegir unas tareas.

Si hablamos de contexto de aprendizaje, la preparación del entrenamiento tiene que ver sobre todo con cómo se prepara el entrenador para afrontarlo. Este aspecto será determinante para salvaguardar la calidad y el aprendizaje durante el entrenamiento.

El factor competición es el que genera más controversia y el que más necesita ser comprendido por los profesionales que trabajan en el desarrollo del talento. Nuestro referente, desgraciadamente, es el mundo profesional donde la inmediatez y el marcador marcan el camino, por lo que no tenemos modelos de formación que nos orienten. Cuando hablamos de resultado, deberíamos hacerlo con un sentido crítico, desde las actitudes y valores y no sólo desde las capacidades y habilidades. Al final, se trata de identificar a jugadores, equipos, entrenadores y dirigentes con una manera de afrontar las situaciones, con un estilo a través de su rendimiento. Es ahí donde está la identidad de los equipos.

2. El factor humano

Tiene que ver con la capacidad de mirarse a sí mismo; es decir, la de conocerse y comprenderse de un modo más amplio y profundo y poder aprender. No es solamente tener una valoración adecuada de sí mismo, o saber que uno es atrevido en tomar decisiones o es muy autoexigente, por ejemplo, sino que se trata de adquirir una mayor conciencia interna y externa. ¿Adónde me lleva ese atrevimiento en mi toma decisiones? ¿Cuándo me muestro más atrevido y cuándo no? ¿Qué efecto tiene en el jugador mi autoexigencia? ¿Cuándo me ayuda?

El factor humano es lo que ayuda a los profesionales a poder estar en contacto con uno mismo, con sus emociones, virtudes e inseguridades. Si las personas no se pueden conectar realmente con lo que les pasa, será muy difícil que lo comprendan y que entiendan qué le pasa al otro, en este caso al jugador.

Este es el factor que en mi opinión sostiene a todos los demás y lo hace a través del autocuestionamiento y la escucha de uno mismo. A continuación, enumero algunas de las preguntas cuestionadoras que nos ayudan a profundizar y conocer nuestra parte más humana.

2.1. ¿Cuál es mi inconformismo como entrenador?

Desde mi experiencia, el punto de partida para iniciar un trabajo de desarrollo de entrenadores o cualquier otra profesión es el inconformismo que uno tiene consigo mismo en su quehacer profesional. Hay veces que no lo encontramos en las personas y necesitamos generarlo. Es verdad que ha de ser un inconformismo productivo y no el destructivo, que se caracteriza por estar lleno de quejas, excusas y mecanismos de ataque o de defensa. Así que sería importante cuestionarnos de qué está hecho nuestro inconformismo: ¿de quejas o de cuestionamientos?

El inconformismo generador tiene que ver con el presentimiento de que hay una capacidad latente en el jugador que necesita aflorar y crecer. Es decir, muchas veces hacemos "diagnósticos" rápidos del jugador de acuerdo con nuestras expectativas ("este jugador vale", "este jugador no tiene cualidades") o conclusiones precipitadas cuando no está rindiendo bien ("este jugador no tiene calidad"). Sin embargo, las cualidades del jugador y de las personas en general están en un modo latente, oculto. Hasta que no esté seguro de que he sacado el máximo del jugador, no me puedo conformar. Es cierto que el poder mirar lo que no se ve o está latente tiene que ver mucho con el desarrollo de otra habilidad clave en el entrenador: la intuición. Porque, a mi juicio, el inconformismo parte de la intuición.

Como entrenador, uno tiene que hacerse responsable de esa capacidad latente y crear las condiciones para que aparezca y se desarrolle. Sin inconformismo no es posible crear nada que lidere, que nos mueva a hacer mejor lo que hacemos.

Qué duda cabe que el inconformismo generador es incómodo para uno mismo y para los demás, pues nos lleva a mirar dentro de nosotros, a ser crítico con uno mismo, a escuchar y a escucharme, alejándonos de la tranquilidad que genera la complacencia.

2.2. ¿Por qué tenemos que aprender los entrenadores hoy en día?

Esta pregunta tiene que ver con el aprendizaje. En mi opinión, la mayor habilidad que puede poseer un entrenador es su capacidad de aprendizaje, porque es lo que nos ayuda a crecer profesionalmente, además de ser la única ventaja competitiva sostenible en el tiempo. La mayoría de las veces creemos que teniendo más tecnología, metodologías, investigaciones, seremos más competitivos. Sin embargo, estas herramientas son obsoletas. Lo único que me mantiene vivo es aprender para adaptarme o para asimilar nuevos entendimientos.

Uno de los puntos de partida del aprendizaje es saber y aceptar dónde estoy yo como entrenador, mis puntos fuertes y mis áreas de mejora, lo que tengo y lo que no, lo que sé y lo que no sé, para ver qué necesito aprender. Esta reflexión requiere tener mucha humildad y coraje.

Cuando uno se abre al aprendizaje se pregunta: ¿Qué necesito aprender como entrenador? Pero esta pregunta conlleva otra implícita (¿Qué necesito desaprender?). Es decir, el aprendizaje envuelve dos movimientos: el primero tiene que ver con aquello que de lo que necesito desprenderme (¿Qué necesitas soltar de tu pasado? ¿Qué necesitas dejar marchar que no te está dejando abrirte a nuevas formas de hacer o de pensar?). Muchas veces nos agarrarnos a creencias o maneras de hacer que nos dan seguridad porque quizá en otro tiempo nos dieron resultados. Sin embargo, nada es para siempre, todo es dinámico y cambia. El segundo movimiento tiene que ver con tomar lo que viene, lo que me toca afrontar, cambiar mi modo de comunicar o de llegar al jugador. "Antes decías y el jugador obedecía, ahora el jugador pasa de todo", decía un entrenador. ¿Qué necesita este entrenador "tomar", aceptar? ¿Qué le está pidiendo la situación? Sólo podemos dar al jugador lo que tenemos. Si queremos actualizarnos y enriquecernos como entrenadores, necesitamos soltar aquello que ya no se ajusta a la nueva realidad, para poder "tomar" y "desarrollar" nuevos aprendizajes, para poder luego "dar" al jugador.

Necesitamos entender que el cambio y la incertidumbre son inherentes al ser humano y que van a ser parte de todos nuestros aprendizajes. La vida es cambio a cada instante y sin incertidumbre el juego perdería su naturaleza. El fútbol es un buen ejemplo, ya que tienes que aprender a vivir en lo incómodo y aprenderás a sentirte seguro en un contexto inseguro, porque es un mundo de muchos vaivenes deportivos emocionales. Además, hay que saber que la incertidumbre es el lugar en el que puede ocurrir algo. Normalmente queremos ya una idea construida y que salga bien, lo queremos todo. Sin embargo, hay que dejar espacio para que algo distinto ocurra, sobre todo en el día a día.

¿Qué oportunidades se pierden cuando un entrenador no deja espacio a la incertidumbre, cuando quiere tener todo bajo control? Probablemente anulemos la aparición de alguna solución creativa, diferencial por parte de un jugador, por ejemplo, o una solución que gane el partido. Cuando un entrenador limita la iniciativa de los jugadores en las acciones ("que no juegue por dentro") y en los espacios ("atrás no quiero riesgo y no jugamos combinado"), está limitando nuestro juego siendo previsibles y dando certezas al rival. Así es difícil ganar partidos, pero sobre todo es muy difícil ser sostenible a largo plazo, porque un equipo difícil de batir es un equipo complejo (el rival no sabrá si le va a atacar el medio, el defensa o van a hacer un golpeo largo o corto, si van a jugar por dentro o por fuera) y esa complejidad es la incertidumbre. ¿Dejamos espacio para que ocurra lo inesperado? ¿Queremos tener todo tan previsto que se nos escapa a nuestro control?

Lo predecible es cómodo, pero limita. Hay veces que escuchas de los entrenadores: "Este año estoy aprendiendo mucho". ¿A qué se refieren? ¿Qué significa aprender? Usamos con mucha frecuencia la palabra aprendizaje para infinidad de situaciones, pero no siempre que aprendemos estamos realmente aprendiendo. Mi propuesta de aprendizaje tiene que ver con un aprendizaje que va desde dentro de la persona hacia fuera de sí misma.

No se trata de un aprendizaje basado en acumular información (ejercicios, métodos, cursos teóricos). Este es un aprendizaje que va de fuera hacia dentro. Existe otro modo de aprender, aquel que nace en mi interior, que nace desde la inquietud, curiosidad, inconformismo que siento dentro de mí, y de ahí va hacia fuera, donde aprehende lo que necesita y vuelve a llevarlo dentro uno mismo. Esto es lo que hacemos cuando aprendemos conscientemente y en primera persona: qué necesito, qué me falta, y miro afuera para poder integrarlo en mí después. Desde mi reflexión me hago consciente de que hay algo que está en mí y que me doy cuenta de que necesita cambiar, potenciar o revisar, y desde ahí, miro afuera y aprendo aquello que necesito comprender e integrarlo en mí.

Aprender no sólo es acumular información, aprender es comprender, aprendo a través de la comprensión de mi entorno y de la comprensión de cómo yo me muevo en él. Cuando estoy en el acto de comprender algo o a mí mismo, no estoy acumulando información; se trata de un movimiento diferente que tiene más que ver con ampliar la conciencia de mí mismo y de mi mundo, es dar significado a lo que hago y comprenderme en aquello que estoy haciendo. ¿Cómo me siento? ¿Cómo lo estoy viviendo?

2.3. ¿Qué elementos nos ayudan a generar comprensión?

Si queremos generar un contexto de aprendizaje, donde aprendamos a través de la comprensión, varios elementos tienen que aparecer. De entre ellos hay que subrayar la experiencia directa. El día a día con los jugadores, ya sea durante los entrenamientos o los partidos, está lleno de oportunidades de aprendizaje. Sin embargo, muchas veces no las vemos porque estamos tan llenos de ideas, prejuicios, expectativas, teorías y conocimiento que no dedicamos tiempo a mirar. Desarrollar la capacidad de mirar, algo tan sencillo y tan complejo a la vez, en los entrenadores y psicólogos es esencial para el desempeño de su trabajo. Otras veces cuando vemos una necesidad de aprender algo -por ejemplo, cuando vemos un equipo desmotivado o con falta de responsabilidad-, lo que hacemos es llevarles a un aula y darles una charla de

motivación o les ponemos videos que aconsejan ser más responsables. Es decir, sacamos la experiencia de su contexto, a otro lugar y otro momento, por lo que nuestra intervención ya pierde fuerza o está descontextualizada. En la mayoría de lo posible, las intervenciones tienen que ser en el momento o lo más cercano posible y entre las personas implicadas.

Por ejemplo, los jugadores muchas veces nos hablan de lo que han sentido o de alguna vivencia que han tenido en el momento del juego que puede tener que ver con el compromiso o con la gestión de sus emociones. En estas ocasiones solemos pasar por alto su discurso y respondemos dando una explicación teórica ("el compromiso depende de tu motivación") o un consejo ("tienes que tener más confianza"). Sin embargo, lo que ocurre es que en ese momento el jugador estaba en contacto directo con su experiencia, tanto interna como externa, y cuando uno está ahí, el entrenador le puede ayudar a mirarlo, a hablar sobre ella y comprenderla. Eso es lo que le va a dar más conocimiento de sí mismo y a su vez más confianza. Muchas veces, porque no le damos importancia, porque no sabemos qué decir o porque no nos paramos a escuchar al jugador, echamos por tierra las posibilidades de aprender de los jugadores.

Este es el aprendizaje vital, aquel que nos pone en contacto con nuestra experiencia directa, con aquello que me está pasando aquí y ahora y se aleja de grandes explicaciones o razonamientos teóricos que la mayoría de las veces nos alejan de nuestra realidad. Se trata de que el jugador y el entrenador construyan conversaciones que exploren lo que hay y lo que está surgiendo en ese momento, lo que es su experiencia inmediata. Y eso no tiene que ver con las largas charlas, argumentaciones o explicaciones que damos a los jugadores. El punto de partida está en captar la realidad que está emergiendo de la experiencia (intervenir en el momento, por ejemplo, cuando un jugador dice que está nervioso, cuando se le ve resistente o cuando está reflexivo), sólo así se pueden crear condiciones transformadoras y de aprendizaje.

Se trata de que el jugador (o el entrenador) hable en primera persona: "Yo me he dado cuenta de...", "a mí me ha faltado...". Tiene que ver con todo aquello que pasa por uno mismo, dónde estoy, qué me está pasando, cómo me relaciono yo con eso que me está pasando. Este es el material de trabajo más valioso que tenemos como entrenadores. Cuando el jugador habla de él mismo, está abriendo la posibilidad al cambio (sólo puedo cambiar lo que está en mí), está responsabilizándose de lo que le pasa o de sus acciones y está siendo capaz de intervenir y comprender los retos que tiene ese momento. El entrenador, a través de la escucha, las preguntas y la conversación, puede acompañar al jugador en su aprendizaje.

En síntesis, llamamos el territorio de lo desconocido a todo aquello que desconocemos de nosotros mismos, lo que no reconocemos como propio, cuando actuamos sin darnos cuenta de lo que estamos haciendo ni de su motivación o de su consecuencia. El aprendizaje nos lleva a nuestros límites, nos dice aquello que necesitamos aprender y entonces aflora la necesidad de comprender cuáles son nuestros puntos ciegos, nuestras áreas de sombra, nuestra vulnerabilidad, porque eso es precisamente lo que tiene que crecer. Es en este territorio donde se da el aprendizaje.

Veamos la oportunidad que nos ofrece este territorio de lo desconocido. Muchas veces los entrenadores se refieren al aprendizaje desde el que ellos tuvieron y piensan "yo aprendí así y así le voy a enseñar al jugador" o "a mí me vino muy bien esto para aprender, lo voy a aplicar con los jugadores". Este es un aprendizaje que tiene que ver con experiencias pasadas, en el que no hay territorio desconocido: enseño desde lo que yo sé de mí y supongo que valdrá para el otro. Pero no siempre es válido y, a su vez, debemos cuestionarnos si es suficiente o si es todo lo que podemos ofrecer. ¿Podemos responder a todos los retos y necesidades de aprendizajes de los jugadores desde mi experiencia? Por eso, hay otro aprendizaje que tiene que ver con trabajar desde lo que va emergiendo en el jugador, desde las necesidades de aprendizaje que se le plantean al jugador que para mí puede ser desconocidas, porque yo no las he vivido anteriormente. De este modo, no limitamos al jugador sólo a lo que yo aprendí o no aprendí en mi pasado.

Se trata más de crear contextos, conversaciones o diálogos que lleven al jugador a ser más consciente de su mundo interno y externo. Es la capacidad de mirar la realidad que me está tocando experimentar ahora, en la que a veces necesito afrontar hechos agradables y otras veces hechos que me incomodan. Es la capacidad de estar al tanto de nuestras intenciones, acciones, decisiones, emociones y de lo ello conlleva. Es la inquietud de conocer nuestras sombras, nuestros errores y de este modo ampliar nuestra conciencia y comprensión de uno mismo y de lo que le rodea. Necesitamos pasar de un aprendizaje conceptual a un aprendizaje vivencial, que tiene más que ver con lo que me está pasando a mí aquí y ahora, y con el modo en el que el jugador está viviendo el ejercicio o el entrenamiento.

3. El factor interacción

3.1. Conversación con entrenadores sobre su aprendizaje

Los entrenadores aprenden a través de la interacción con el jugador y a través de la interacción con otros entrenadores. Normalmente somos más conscientes de la influencia que tenemos los entrenadores en los jugadores. Por ejemplo, nos damos cuenta de que cuando el entrenador está tranquilo, el jugador también se tranquiliza; hay otras ocasiones en las que el jugador se pone nervioso cuando mira al banquillo y ve al entrenador gritando o haciendo aspavientos.

¿Qué impacto y cómo impacta el entrenador en el desarrollo del jugador? La influencia del entrenador en el jugador puede disminuir o potenciar su rendimiento y su desarrollo. Es decir, el entrenador necesita ser consciente del impacto que tiene en el jugador porque va a potenciar o limitar su desarrollo.

El impacto (la influencia) tiene su efecto a través de la relación entrenador-jugador. Por lo tanto, construir relaciones que generen aprendizaje y diseñar conversaciones que produzcan influencias que potencien los recursos del jugador son elementos importantes que se deben trabajar en el factor interacción.

Sin embargo, existe otra influencia entrenador-jugador, pero esta vez en sentido contrario. ¿Cómo el jugador impacta en el rendimiento y desarrollo del entrenador? El entrenador necesita ser consciente de qué impacto tienen los jugadores en su desarrollo como entrenador. El desarrollo del jugador es un proceso muy exigente, que conlleva mucho rigor, y eso nos obliga a ser autocríticos, lo cual implica cambios y ajustes en uno mismo. En todo proceso de cambio, hay una fase de resistencia y confusión. La resistencia es un conflicto o impasse interno entre nuestro deseo de conseguir algo nuevo y nuestros temores. El entrenador también experimenta esta fase de resistencia en su proceso de aprendizaje. Lo más difícil quizá sea aceptar que estoy ahí, enrocado con algo que no quiero cambiar o que quiero pero no sé cómo. Una vez que uno es consciente, algunas preguntas pueden ayudar a atravesarla: ¿Qué necesito aceptar? ¿Cuáles son los deseos y temores que hay en esta resistencia? ¿Qué es aquello que necesito soltar o dejar marchar (creencia, costumbre, hábito, conducta)?

La formación del jugador es un proceso que muchas veces nos lleva a nuestros límites profesionales y nos pone en situación de vulnerabilidad. Es necesario saber situarme en mi vulnerabilidad, estar dispuesto a reflexionar sobre uno mismo, sobre cómo construimos relaciones y sobre lo que hacemos y cómo lo hacemos. La consecuencia de estar

vulnerable es tener que manejar miedos a lo desconocido. Si yo, como entrenador, estoy dispuesto a ser vulnerable, esto no quiere decir que me estoy rompiendo, sino que estoy abierto a otros puntos de vista, desconocidos para mí y que puede que al inicio no encajen con mis ideas que tengo de mí mismo.

Tenemos que ser conscientes de que es la interacción con el jugador la que nos dice cuáles son nuestras limitaciones y qué áreas necesitamos mejorar. En definitiva, el día a día con nuestros jugadores nos confronta con nuestra capacidad de aprender. Entonces ¿qué o quién le dice al entrenador aquello que necesita aprender? Una fuente de información sobre aquello que necesita crecer en el entrenador es la experiencia directa que le llega del jugador; es decir, los límites del jugador son mis límites como entrenador. El rendimiento del jugador, sus respuestas y comportamientos son un espejo que reflejan mis vulnerabilidades, mis resistencias y mis áreas de aprendizaje como entrenador. Por ello, necesito explorar como entrenador o como psicólogo mis resistencias al cambio, mi capacidad de aprendizaje ante mis áreas de mejora y mi coraje de soltar aprendizajes pasados para poder tomar nuevos. Es entonces cuando el entrenador siente que necesita al otro para crecer, es cuando empieza a sentirse educador.

El aprendizaje es un proceso bidireccional. El entrenador necesita entender que cuando enseña, aprende, y el jugador necesita comprender que cuando aprende, enseña. Es ahí cuando el entrenador se convierte en educador y solo así se construyen relaciones completas de aprendizaje, cuando ambas partes se dan cuenta de que crecen juntas y existen esos espacios de interacción.

3.2. ¿Qué hay en esos espacios de interacción?

Los espacios de interacción que se dan entre jugador y entrenador son el lugar donde se sitúa y donde emerge el aprendizaje; son el eje de esta propuesta y se caracterizan por ser contextos educativos, es decir, contextos donde se desarrolla el potencial de las personas.

Si revisamos el tipo de acciones que ponemos en juego en estas interacciones, observaremos que muchas de ellas no sólo tienen que ver con la competencia técnica, sino también con la personal. Por tanto, los entrenadores necesitan desarrollar acciones y conversaciones con los jugadores que afectan tanto al ámbito deportivo como al personal.

Este espacio de interacción se construye a través de una relación de horizontalidad, de persona-persona (sujeto-sujeto). La relación entre entrenador y jugador es de aprendizaje, ambos aprenden. Es en este

marco en el que entrenador y el jugador se hacen corresponsables del proceso formativo, tomando el jugador su protagonismo en él.

Donde se aboga por un aprendizaje que parte de la necesidad de la participación activa/despierta del jugador en su aprendizaje, donde el jugador pueda desarrollar su capacidad creativa para intervenir y comprender los retos de su vida personal y deportiva. Desde la importancia de la interacción entrenador-jugador, la pregunta para el entrenador no es ¿qué tengo que enseñar y cómo lo voy a hacer? sino que es ¿qué tiene que aprender el jugador? ¿Cómo lo va a aprender y cómo me va a mostrar que lo ha aprendido? No puede faltar la acción comunicativa como el diálogo, principal medio para el autoconocimiento y el desarrollo del talento colectivo. El camino para la construcción de la interacción es el diálogo.

Debido a que no todos los modelos de comunicación ayudan a crecer a las personas y equipos, necesitamos reflexionar sobre qué conversaciones permiten construir jugadores maduros (autónomos y responsables). Hay tres elementos que tienen que estar presente en una conversación de aprendizaje: la ética, la estética y la funcionabilidad. Si hacemos solo lo funcional (lo técnico) sin reflexionar qué valores hay detrás (la ética) y qué formas utilizamos (la estética), caeremos en un aprendizaje instrumental que no transforma nada y que instrumentaliza a la persona para convertirla en un objeto de usar y tirar.

El diálogo es la relación comunicativa donde se van a situar la ética, la estética y funcionabilidad. Este diálogo tiene que disponer de un espacio y un tiempo para que pueda ser un modo de autoconocimiento que ayude a la comprensión de lo que está haciendo el jugador y a la comprensión de uno mismo. Debe ser un diálogo que no busca respuestas -la respuesta tiene a menudo un valor secundario-, sino un diálogo que genera preguntas, que interroga, que nos lleva más allá de nuestra seguridad. A menudo, el diálogo ha de incorporar la sombra del propio grupo, lo que se oculta, lo que se desconoce. El diálogo mantiene vivo un impulso cuestionador, no solamente en el momento en el que se construye el trabajo colectivo, sino también en la acción cotidiana y en las relaciones que se dan en esa cotidianidad.

3.3. Elementos necesarios en una conversación de aprendizaje

Para que el diálogo tenga un valor de aprendizaje debe integrar los siguientes elementos que le permitirán dar contenido a la ética y la estética.

- Tener y encarnar una filosofía de trabajo como entrenador, entendiéndola como creencias o principios que sirven al entrenador como guías de sus decisiones y acciones de modo que le ayudan a afrontar las diferentes situaciones en su día a día. La filosofía te ayuda a responder preguntas sobre qué hago en este club, por qué y para qué estoy aquí y cómo voy a llevar a cabo mi labor. Es el modo, el camino por el que entrenador afronta y resuelve su día a día. Pero sobre todo, la filosofía da una dirección, porque como decía el gato de *Alicia en el país de las maravillas*, si tú no sabes dónde ir, cualquier camino te llevará allí. ¿De dónde surge esa filosofía? La filosofía de trabajo de un entrenador deriva de las preguntas ¿en qué creo? ¿cuáles son mis valores como entrenador? Ello implica autoconocimiento, reflexión profunda de la labor que ejerzo y compromiso con la coherencia entre lo que creo, digo y hago. La filosofía te ayuda a ser coherente y moralmente responsable en las funciones que ejerce un entrenador. Tener una filosofía aclarará las dudas sobre las normas del equipo, estilo de juego, valores, objetivos, perspectiva de la competición.
- Estar presente, abierto y disponible a aquello que pueda estar emergiendo en la conversación con el jugador. No juzgar.
- La mirada sistémica. Es una mirada integradora, no excluyente. Recoge lo que se ve y lo que no se ve en el sistema/grupo/equipo. Busca comprender para trabajar esta mirada integradora. La pregunta es: ¿Qué está pasando aquí? Es una pregunta que mira lo que hay, que no excluye ni juzga, que incorpora lo que emerge, porque si está ahí tiene alguna función, sirve para algo o nos está dando alguna información. No es una mirada reduccionista de causa-efecto, sino que es una mirada que abraza la globalidad. Sólo se llega a la esencia de algo cuando se toma el sistema en su totalidad. A la hora de aplicar esta mirada sistémica debemos tener en cuenta dos aspectos:
    - El foco está en la interacción de los elementos. La mirada sistémica no mira a los jugadores de un modo aislado, sino cómo interactúan con el otro, con el juego, con lo que aparece en el vestuario, y qué respuestas y consecuencias se generan.
    - Es importante comprender y ser consciente de qué observar. Mirar dice más del observador que sobre lo que observa. Es importante saber que el hecho de mirar me obliga a revisarme y confrontarme. Nos confronta con nuestra estructura mental, pero sobre todo con nuestro sistema de seguridad, aquel que nos protege de lo que no queremos ver o escuchar.

- La escucha ha de ser integral, completa. Cuando escucho tengo que ser consciente de que voy a empezar un viaje con el otro y debo dejarme llevar. El que escucha va ligero de equipaje: sólo estar presente y disponible al otro. Los juicios, las hipótesis, las argumentaciones, los consejos rápidos no tienen sitio en esta mochila. La clave está en entender el mensaje a través de escuchar lo que se dice y lo que no se dice, escuchar la emoción que esconde o que se muestra y sobre todo desde qué lugar interior de la persona se genera para poder dar un significado y construir un espacio de expresión común. El silencio, el parafraseo o el reflejar ayudan en este momento de la escucha; las interpretaciones, consejos, ánimos, acuerdos, desacuerdos, sermones, correcciones... tendrán que esperar su momento de aparecer si son necesarios. Es importante preguntarse cómo me impacta a mí como entrenador o psicólogo lo que el otro está diciendo.
- El aprendizaje en primera persona. Debe ser la primera vía de aprendizaje, ya que nos referimos a todo aquello que pasa por uno mismo y responde a las preguntas: ¿Dónde estoy? ¿Qué me está pasando? ¿Cómo me relaciono con eso que me está pasando?
- El lugar donde se sitúa la conversación en el territorio de lo desconocido del jugador, en sus sombras o puntos ciegos, porque es esta parte la que necesita luz para crecer.
- La pregunta. La interacción la construimos a través de preguntas. La pregunta es el motor del aprendizaje porque las preguntas abren nuevos caminos, posibilitan salidas que esclarecen la situación planteada poniendo al jugador en un nuevo punto de observación. Ahora bien, no todas las preguntas abren espacios cuestionadores en el jugador. La pregunta cuestionadora es aquella que me da conocimiento de mí mismo en una situación, no sólo me da respuestas. Ésta es la que genera el verdadero conocimiento. Cuanto más se pregunte en la dirección adecuada, más conciencia ayudaremos a tomar al jugador. Las respuestas de los jugadores a estas preguntas son más importantes que las que pueda ofrecer el entrenador desde su propio nivel de conciencia. Por ello, hay que seguir una serie de pautas para preguntar en la dirección adecuada:
    - Primero necesito poder cuestionarme a mí mismo.
    - Una buena pregunta nace de una buena escucha.
    - Tener claro el propósito de la pregunta: ¿Para qué pregunto?

- Las preguntas no cuestionan a la persona, únicamente las ideas y las creencias son las que cuestionan. Debemos avanzar con preguntas agudas y precisas a la vez que deben ser afectuosas y comprensivas.
- El silencio que genera una pregunta es una buena señal del valor de la pregunta. El silencio es el que lo sostiene todo.

- El *feedback*. Aprendemos con el otro, porque el otro nos hace de espejo. Sabemos que sin el otro no se puede aprender. Pero necesitamos entender que es un *feedback* para el aprendizaje, no para la evaluación. Es necesario enseñar al jugador a dar y a pedir *feedback*. En los grupos de trabajo con entrenadores y jugadores tenemos que ir introduciendo la necesidad de ser consciente de mis puntos ciegos, de todo aquello que no veo de mí. Una manera de conocerlos es pidiendo *feedback* al otro. Esta petición suele costar porque quien pide una devolución es el que tiene necesidad o alguna carencia y entonces, cuesta reconocerlo y más aún, asumir que el otro lo vea. Para ello, tiene que haber respeto y un suelo de seguridad para que el jugador pueda dar y pedir *feedback* libremente sin sentir que se juega el cuello cuando lo hace. La petición se hace desde mensajes en primera persona, con el yo ("Yo necesito que me des *feedback*", "¿me puedes dar *feedback* sobre lo que has visto de mí?"). El que pide feedback es responsable de su petición, de la respuesta que el otro le da. Hay que comprender el miedo a escuchar algo que no me guste o me duela y, sobre todo, comprender que lo que vemos en los demás nos dice mucho de nosotros mismos.
- Suelo de seguridad. Este es el amor incondicional que un entrenador debe brindar al jugador independientemente de su rendimiento y resultados. Es el reconocimiento del jugador como persona válida, capaz, independientemente de si consigue o no los objetivos. Cuántas veces excluimos a un jugador porque no da el rendimiento que espero de él, o lo descarto porque no es el estilo de jugador que me gusta como entrenador. Y esto puede pasar, y hasta es legítimo, lo que no lo es, es dejar de hablarle porque no sé qué decirle, o porque no me atrevo a ser sincero con él, porque le protejo de su "cruda realidad". Cuando el jugador percibe que sus errores y su actuación no le gustan al entrenador -condiciones para ser "querido", "tenido en cuenta"-, le será muy difícil aprender. ¿Qué ocurre cuando el amor que recibimos está condicionado por nuestros logros? Los entrenadores deben distinguir que una cosa es lo que somos y otra lo que tenemos, pero sobre todo necesitan distinguir los deseos del jugador (jugar, ser titular,

que no le contradigan) de sus necesidades vitales como personas (ser escuchado, ser visto, ser tenido en cuenta).

- El diálogo. Entendido como un medio de autoconocimiento. El diálogo genera preguntas, interroga, nos lleva más allá de nuestra zona de seguridad. Este diálogo no busca respuestas, porque la respuesta tiene a menudo un valor secundario. En el diálogo, el entrenador, el psicólogo debe tomar un papel de generador a través de la escucha, la pregunta, el silencio. Un diálogo se puede abrir desde:
    - El entrenador que hace una pequeña introducción de un tema (algo que pasó en la semana, algo del grupo, sobre aspectos del juego, emociones que han surgido).
    - Desde el jugador. El entrenador pregunta si ¿alguien trae algo? ¿Alguien quiere sacar algún tema? Es el jugador quien inicia el diálogo con otra pregunta al grupo o exponiendo alguna duda o inquietud.
- A menudo el diálogo ha de incorporar la sombra del propio grupo, lo que se oculta, lo que se desconoce. El diálogo pone voz a las agendas ocultas del jugador, a los *insights* o a las intuiciones emergentes que se dan en el propio aprendizaje dialógico. Algo que el entrenador, psicólogo, tendrá que intuir u observar y ponerlo a la vista de todos. Durante el diálogo hay que mantener un impulso cuestionador, lanzar preguntas al grupo o individualmente a algún jugador, recoger la reflexión y abrirla al grupo o a otro jugador: ¿A alguien más le ocurre esto? ¿Quién ha vivido una situación similar? ¿Qué hizo? Podemos introducir el *feedback* con preguntas al jugador: ¿Quieres pedir *feedback*? ¿Te podemos dar *feedback*? Este funcionamiento no debería estar sólo en el momento en el que se construye el trabajo colectivo, sino también en la acción cotidiana y en las relaciones que se dan en esa cotidianidad.
- Las creencias y emociones. Con la particularidad de que muchas veces están ocultas, por lo que es importante que el entrenador aprenda a escuchar lo que el jugador dice y lo que no dice.

4. El factor entrenamiento

El factor entrenamiento no hace referencia a metodologías, ejercicios, planificaciones y rutas preestablecidas, sino que hablamos de una manera de ver la formación dentro del deporte que permita desarrollar todo el potencial del jugador como persona y adquirir la madurez

necesaria en términos de autonomía y responsabilidad para afrontar el devenir del juego. Y esto tiene que ver, entre otras cosas, con el tipo de enseñanza-aprendizaje que se dé en los entrenamientos.

Para ello, es imprescindible la evolución desde el entrenamiento técnico-táctico hasta entrenamientos que integren contextos de aprendizaje, porque el hecho de que el jugador realice tareas no quiere decir que esté aprendiendo. Entendemos aprender como la comprensión que el jugador va adquiriendo del juego, de sí mismo y de su vivencia dentro de éste. Por ejemplo, preguntas como ¿qué objetivo tiene este ejercicio? ¿Qué dificultades plantea el ejercicio? pueden ayudar al jugador a comprender para qué y por qué sirve este ejercicio. Preguntas como: ¿Qué te pide este ejercicio? ¿Qué te pasa cuando haces este ejercicio? ¿Cuál es tu dificultad en el ejercicio? ayudan al jugador a comprender lo que le pasa a él cuando realiza el ejercicio.

4.1. Transformación del entrenamiento

¿Cómo transformamos un entrenamiento técnico-táctico en un entrenamiento donde el aprendizaje consciente sea parte del mismo? Una manera sería cuestionarnos qué necesita aprender el jugador antes, durante y después de un entrenamiento y qué aprende un jugador antes, durante y después del partido.

Antes de un entrenamiento o partido, un jugador aprende a prepararse para afrontarlo. La mayoría de las veces, en estos espacios, los jugadores escuchan la explicación del ejercicio, lo que tienen que hacer; es decir, reciben una información y la intentan desarrollar después. Se trata de un aprendizaje instrumental donde el fin es hacer la tarea y el jugador es el medio para ello. Si buscamos un aprendizaje consciente, debe producirse al revés, con el fin de que las tareas sean un medio para que el jugador aprenda a pensar sobre sí mismo y sobre la tarea, para que aprenda a comprender lo que el juego le propone. El jugador debe trabajar desde estas cuestiones: ¿Para qué es importante este ejercicio? ¿Qué voy a aprender? ¿Qué objetivo tiene? ¿Qué herramientas me pide utilizar? ¿Qué transferencia tiene al juego? ¿Qué me exige a mí como jugador? Y, sobre todo, el jugador debe aprender a comprenderse a sí mismo, a ser consciente de su experiencia, de sus emociones y resistencias, de los obstáculos, logros y necesidades: ¿Qué me pasa con este ejercicio o tarea? ¿Dónde necesito poner la atención? ¿Qué me dice este ejercicio sobre lo que necesito mejorar? Este cambio de aprendizaje obliga a replantear nuevos contextos de aprendizaje dentro de los entrenamientos y los partidos. Para ello, hay que buscar una serie de herramientas en las que apoyar este proceso de aprendizaje, como son el diálogo, el trabajo con objetivos, el *feedback*, las preguntas, retar al jugador, llegar al jugador.

4.2. ¿En qué consiste este papel de entrenador-educador?

Hay que generar espacios de aprendizaje dentro del entrenamiento donde el jugador pueda hacer el ejercicio de reflexionar sobre sus objetivos, puntos fuertes, áreas de mejora, donde pueda comprender para qué y por qué hacemos las cosas. Son espacios de autocuestionamiento en los que el jugador se mira a sí mismo.

Está claro que todo esto implica la participación del jugador a través del diálogo y el cambio de lugar del entrenador, donde deja de ser el centro de las explicaciones y pasa a ser alguien que ayuda al aprendizaje a través de preguntas, de generar diálogo entre los jugadores. De este modo, el jugador pasa a ser un sujeto activo y responsable de su aprendizaje. Con el tiempo, el jugador irá interiorizando una manera de pensar en primera persona ("yo creo…", "a mí me pasa…") y utilizará preguntas indirectas ("a mí me está faltando…"). Antes se habrá cuestionado sobre lo que le está faltando para conseguir su objetivo o la realización de la tarea. Por ejemplo, cuando interactúan con un compañero no le dicen lo que debería hacer, sino que le lanzan una pregunta ("¿y qué necesitas para conseguirlo?). De esta manera, los jugadores van construyendo una relación de aprendizaje colectivo, donde el entrenador toma el papel de generador de espacios y contextos de aprendizaje.

4.3. ¿Qué material se puede utilizar para construir estos espacios de aprendizaje?

- Los objetivos como medio para que el jugador sea capaz de enfocar la atención en aquello que le va a hacer crecer o solucionar los problemas que le plantea el juego.
- Las preguntas ayudan a desarrollar un aprendizaje por interiorización. El jugador está activo en su aprendizaje, a través de ellas desafiamos al jugador a salir de su comodidad.
- La responsabilidad, es decir que el jugador hable de sí mismo, que hable en primera persona del singular, ya que tendemos a hablar de nosotros, del equipo y aquí la responsabilidad queda difuminada.

- Enseñar al jugador a dar y a pedir *feedback*.
- Conversar con los jugadores para retarles, pero no sólo sobre sus acciones, sino sobre lo que piensan. Las creencias son lo que mantienen nuestros comportamientos. Si queremos cambiarlos, necesitamos detectar y desaprender creencias que limitan al jugador en el logro de sus objetivos. Estas para mí son las conversaciones que sacan lo mejor de cada jugador, son conversaciones que van de lo general a lo concreto, de lo superficial a lo profundo.

Como empezaba diciendo, es necesario entender el proceso de formación de un jugador competitivo con toda su complejidad. Simplificar esa complejidad es reducir a la persona y, por lo tanto, limitarla.

4.4. Habilidades del entrenador durante el entrenamiento y competición

La primera y más importante "herramienta" que tiene el entrenador es "él". Hay habilidades, para mí claves, que el entrenador necesita desarrollar para sacar el máximo potencial del jugador y poner en valor de aprendizaje todo aquello (aciertos, errores, conflictos, resistencias, retos) que emerge en el ejercicio.

4.4.1. La mirada

Está relacionada con aquello que podemos observar en cuanto a los ejercicios como tal. Por ejemplo, si se dominan los objetivos de la tarea, si tanto el entrenador como el jugador son capaces de sacar el máximo partido a los ejercicios (y esto está relacionado con el conocimiento que es necesario tener para poder optimizar las tareas, tanto por parte del entrenador como del jugador). No se trata de tener muchos ejercicios, sino de poder profundizar en ellos. Mirar ayuda a profundizar en la información que nos va dando el ejercicio sobre la ejecución del mismo por el jugador y sobre su comprensión. A su vez, el entrenador tiene que ser consciente de qué mira en el ejercicio, qué está viendo, en qué hace hincapié, en qué se fijó, si su mirada está más centrada en las zonas de balón y olvida las zonas de no balón. Hay que ser conscientes de que solo podemos intervenir en aquello que podemos ver. En la medida en que el entrenador pueda ver más detalles en el ejercicio, podrá ayudar mejor al jugador en su comprensión y reflexión de la ejecución.

4.4.2. Comunicación

- Aquello que vemos es lo que transmitimos al jugador. ¿Qué mensajes, instrucciones o correcciones comunico más? ¿Qué información del ejercicio no veo y, por lo tanto, no comunico?
- Además, necesitamos tener coherencia entre lo que decimos verbalmente y entre lo que decimos corporalmente.
- Alternar mi posición espacial en el campo. Dentro y fuera de la tarea (ejercicio) espacialmente: ¿Cuándo dirijo desde fuera del ejercicio? ¿Cuándo me meto adentro? ¿Qué necesita la situación? Desde adentro gano el estar más cerca del jugador, es más fácil que me sienta, ayuda en la interacción más individual con el jugador, pero se pierde perspectiva de visión global, se me puede escapar información que también puede ser importante para el jugador. Desde fuera veo más el todo del ejercicio, pero pierdo cercanía, contacto emocional con el jugador.
- Preguntarnos si estamos creando contextos de autonomía o de dependencia en el jugador. ¿Son los jugadores capaces de tomar alguna decisión de corregir, ayudar al compañero, de dar otra visión de lo ocurrido? Esto denotaría autonomía. Si el jugador está pendiente, esperando, mirando al entrenador tras tomar una decisión, no toma iniciativa y busca continuamente la aprobación del entrenador, generamos contextos de dependencia. ¿Qué buscamos? ¿Qué se ve reflejado?
- Tonos de voz y claridad de mensajes. Todo mensaje tiene una parte informativa y otra emocional. La información tiene que ser breve. Los tonos de voz muestran la emoción. Tenemos que ver qué necesita el jugador: la emoción o la información, o ambas. Si estoy muy enfadado, y lo importante es que el jugador reciba la información porque necesita cambiar algo, le va allegar el enfado del entrenador antes que la información: "Pero ¿qué le pasa a este? Siempre me dice a mí", puede pensar un jugador. Esto provoca que el jugador no reflexione sobre la corrección. Otras veces necesitamos impactar de alguna manera al jugador para activarle, para que reaccione, para que se dé cuenta de algo o para tener pausa. En estas situaciones la emoción le ayuda.• Durante el entrenamiento o en la competición, los entrenadores continuamente utilizamos peticiones ("ábrete", "pásala", "juega en equipo"), tenemos conversaciones con el jugador para que haga algo. Sin embargo, la mayoría de las veces estas peticiones son mal formuladas y los entrenadores se quejan de lo que ha-

cen los jugadores, en vez de ayudarles a cambiarlo. Por ejemplo: "Pero ¡qué haces!", "Siempre lo mismo, pero ¿no te das cuenta?".

- Otras veces tenemos conversaciones con los jugadores porque tienen que cambiar algo. Muchas veces el contenido de las conversaciones es una "retahíla" de quejas que el jugador escucha u oye pasivamente y cuando acaba, se va. El entrenador tiene que pedirle muy claro un cambio: qué quiero que cambies, por qué y para qué, en qué situaciones y cerrar bien la petición, es decir, chequear si se ha entendido lo que ese le está pidiendo. ¿A qué te vas a comprometer? Hay que preguntarle si se compromete a ello, qué va a hacer para llevar a cabo ese compromiso y cuándo va a empezar a cambiar la conducta pedida. Más adelante habrá que tener otras conversaciones para ver si está cumpliendo con su compromiso y si no es así, qué consecuencias está teniendo eso para el jugador y para el equipo.

4.4.3. La emoción

Esta es una habilidad que da color a las otras dos, la capacidad de transmitir emoción, de emocionar de contagiar pasión.

Las emociones son parte del juego y tienen sus normas: identificarlas, expresaras y comprenderlas. Muchas veces el entrenador no transmite emoción, si no emotividad. Necesitamos entender de qué están hechas las emociones y quizás, clarificar lo qué es emoción y emotividad:

- Emotividad: Son respuestas reactivas. Es explosiva y deja poco calado. La emotividad es reactiva, impulsiva, yo no puedo ver películas me pongo a llorar, hay no hay emoción. Es una emoción capturada, transformada por creencias. Todas ellas están en clave de mi propia necesidad de mi propio miedo, de mi propia rabia…
- Emoción tiene más calado: es como el enamoramiento y el amor una emoción crea algo a largo plazo, crea una fuerza de que la que tú te puedes nutrir va más allá de ti.. La emoción es la que pone en valor las cosas, la que validad las cosas. Si no alcanzo la emoción, las cosas están desnutridas, desvaloradas. Si el entrenador no puede conectarse con su emoción profunda, tampoco la verá en el jugador. Y todo lo que no pueda ver lo perderá.

Por otro lado las emociones nos llevan a la acción, y por ello en el entrenamiento habrá veces que el entrenador necesita ver cuando esa emoción tienen permiso de ser expresada y cuando se necesita poner límites porque te está desenfocando de la tarea. Así, por ejemplo, cuando entrenamos al joven jugador, en su crecimiento te das cuenta que se equivoca o que piensa diferente a ti, habrá veces que le doy permiso para ello porque forma parte de su crecimiento sin embargo otras habrá que ponerles límites.

Otras veces la emoción está en el entrenador, inconscientemente éste viene al entrenamiento enfadado por otros temas, y los jugadores ven que hoy es mejor no decirme nada, esa emoción está invadiendo un espacio y por ello hay que colocarla en su lugar, hay que darse permiso de vivirla pero cuando toque, ahora eso no toca. Si sabemos colocar esa emoción, por ejemplo el miedo, en un sitio adecuado, cuando te viene un jugador con miedo también le enseñas a colocar su miedo en un lugar adecuado, no a negarle, no a decir va no te preocupes o a ponerle el video del gladiador. Es importante enseñar que eso tiene su lugar, su momento es importante, entonces

La emoción sabe que hay un momento que se le va a atender y si las emociones saben que tú le vas a atender esperarán, las emociones son pacientes.

5. El factor competición

¿Es siempre la competición un contexto que desarrolla el talento? ¿Cuál es el valor añadido o diferencial que la competición aporta al desarrollo del jugador? Si tomamos la competición en contextos donde el foco es el desarrollo de jugadores competitivos, la primera cuestión que surge es preguntarnos otra vez si nos sentimos agentes educativos o no. Y aclaremos: cuando hablo de educador o proceso educativo, me refiero a la habilidad y proceso de desarrollar el potencial de las personas.

Los clubes y sus entrenadores tienen que ponerse de acuerdo con qué perspectivas van a afrontar la competición. Necesitan no sólo definirla, sino consensuarla y llevarla a la acción. Desde esta premisa, si somos agentes educadores o no, entramos en una segunda cuestión que atañe a la institución, al club, que debe responder a esta serie de preguntas:

- ¿Qué proyecto formativo tienen los clubes?
- ¿Qué quiere el club que aprendan los jugadores?
- ¿Qué proyecto común tiene?
- ¿Es algo implícito?
- ¿Es algo explícito con lo que se dialoga y se establecen las acciones de mejora?

El siguiente paso es la reflexión y la transformación de conceptos como éxito, competir, aprender, ganar. Todas las personas que participan en el desarrollo del talento del jugador necesitan profundizar, comprender en sus contextos y redefinir dichos conceptos de modo que ellos los interioricen y creen un lenguaje común para que los jugadores puedan ir aprendiendo estos nuevos significados. Responder de forma consensuada a preguntas como las siguientes, ayuda a dar coherencia a lo que hacemos y cómo lo hacemos: ¿Qué es éxito? ¿Qué es competir? ¿Qué significado damos a la competición en el club? Finalmente, es necesario tener en claro cuál es el valor diferencial de nuestro club y cuál es el valor diferencial mío como entrenador.

Uno de los mayores hándicaps del desarrollo de los jugadores es el entendimiento de la competición como un fin en sí mismo. Esto no quiere decir que el marcador no sea importante, sino que ganar o perder no es lo único importante. Es al igual que otras variables como el rendimiento, actitudes, una fuente de información sobre el desarrollo del jugador, del equipo y el mío como entrenador. Necesitamos redefinir el significado de competición. Nuestro modelo de competición es el del mundo profesional y de ahí se hacen adaptaciones (ligas de rendimiento, ligas de participación, normas para que todo los niños jueguen). Sin embargo, el paradigma no cambia, sigue siendo el modelo de competición del mundo profesional el referente para el mundo de la formación. ¿Necesitamos hacer hoy en día esta reflexión? Yo creo que sí. Las instituciones, principalmente, cambian las estructuras de las ligas para facilitar que la competición cumpla su función educadora y ayude al desarrollo del potencial del jugador. Sin embargo, es curioso que todos estos cambios sean externos (normas, campos de fútbol más pequeños, ligas), cuando el principal cambio que se ha de hacer es el de la filosofía de los clubes y entrenadores. Hay una gran falta de autocrítica. ¿Los jugadores que son profesionales han llegado siendo lo mejor que podían ser? Los que tienen un talento llegan por sí solos, pero ¿sabemos qué es lo que ha ocurrido con la mayoría que se ha quedado en el camino? ¿Dónde queda el valor añadido del entrenador? El inicio de este cambio está dentro de uno mismo, sea entrenador, psicólogo. Lo que ocurre es que todo el mundo quiere cambiar a todo el mundo pero nadie quiere cambiarse así mismo.

5.1. Una nueva perspectiva de la competición

Debemos preguntarnos las implicaciones que tiene "ganar" y los escenarios de conflicto-posibilidad que se crean tanto en el entrenador como en el jugador cuando se gana o se pierde. Comprender y dialogar sobre las oportunidades latentes, siempre presentes, significa estar abierto al aprendizaje continuo. ¿Es lo mismo ganar que lograr un resultado a favor? ¿Qué papel juega en nuestro quehacer los resultados (marcador)? ¿Qué pasa cuando nuestros intereses personales no coinciden con los intereses/necesidades del jugador?

La competición es una situación de evaluación en la que se expresa el entrenamiento previo y las condiciones psicológicas de los jugadores, del equipo y del entrenador, de sus creencias con respecto al partido a jugar, en una situación variable en función del rival, de la importancia del partido y de la incertidumbre, de la adversidad o bonanza del resultado y también en función del manejo de lo inesperado y de las distracciones que pueden ocurrir.

La competición es la manifestación de lo aprendido. Tiene que ser el espejo donde los jugadores sean capaces de aplicar las enseñanzas diarias del entrenamiento. Es el termómetro de lo trabajado durante la semana. ¿Hemos logrado transferir a la competición las nuevas situaciones que se han planteado en la semana? Esta pregunta es clave para ver si yo como entrenador estoy siendo escrupuloso a la hora de detectar y exigir esas situaciones en el entrenamiento. Por lo tanto, la competición es un reflejo de mi trabajo como entrenador.

El marcador por sí solo no es indicativo para realizar una valoración apropiada. Necesitamos un análisis cualitativo más integral, que contemple más variables. Por lo tanto, el análisis debe ser cualitativo y no cuantitativo. Cuando hacemos una valoración cuantitativa (número de goles, llegadas, ocasiones fallidas) posiblemente estemos evaluando el proceso de captación. Y con cualitativo me refiero a ver la mejora (criterios descriptivos) del jugador a través del trabajo que estamos desarrollando con él. ¿Qué incidencia tiene nuestro trabajo sobre ese jugador? ¿Cómo viene ese jugador, qué expectativas tenemos con él, somos capaces de cumplirlas?

Cuando hablamos de resultado, hablamos de sentido crítico, de actitudes y de valores más que de capacidades y habilidades. Siempre que el jugador no alcance su máximo rendimiento, aunque supere al contrario o sea el mejor de su equipo, no podemos hablar de que hemos ganado, hemos competido o hemos alcanzado el éxito. Esta es la reflexión que ha de determinar nuestra manera de trabajar. La forma de medir el valor de los resultados dependerá de las siguientes cuestiones:

- ¿Cómo nos estamos situando en el contexto de la competición como entrenadores?
- ¿Cómo hacemos la valoración del partido?
- ¿Qué significado damos a la competición?

- ¿Qué estándares tenemos que nos marquen si hemos competido o no?
- Las evaluaciones no deberían hacerse en función de lo que se obtiene, sino de lo que se merece.

Al final, se trata de que se identifique tanto a los jugadores, equipos, entrenadores y dirigentes por una manera de afrontar las situaciones, valores, estilo, que nos va a dar una identidad, que nos llevarán a buscar el resultado.

Trabajar con esta nueva perspectivas no altera el producto, ni de eficacia ni de resultado, lo que altera es ser más persona o ser menos. Implica otra observación mucho más amplia: cómo observo, cómo me observo y cómo voy gestionando mi autocomprensión y compromiso con lo que hago. Por creatividad, por construcción, por sentirse persona, estos equipos van mucho más allá, y no se caen a la primera de cambio.

Es importante saber dónde nos lleva todo esto y que habrá ciertos momentos que esté en una perspectiva o en otra, pero lo importante es saber cuál es mi finalidad última y es ahí donde tengo que poner el foco. En la teoría parece que existe un consenso sobre el valor y la función de la competición en el desarrollo del talento, pero ¿qué pasa en la praxis? Creo que este desajuste tiene que ver, entre otras cosas, con el propósito que tengo como entrenador, con la intención desde donde hago las cosas.

Cuando entramos a trabajar en un club donde el foco es el desarrollo del talento, ¿tenemos claro nuestro propósito? Imaginemos dos entrenadores a los que les preguntamos cuál es su objetivo en su labor de entrenador. Uno puede contestar rápidamente: "Hacer jugadores para que jueguen en Primera División". El otro puede permanecer en silencio, pensativo y responder finalmente: "Mi propósito es el que el jugador llegue a Primera División lo mejor que pueda llegar a ser, como jugador y como persona".

Mucha gente reconoce lo que es evidente sobre los propósitos: nos ayudan a movernos para conseguir algo. Gran parte de los entrenadores que están trabajando en el fútbol de formación asumen y declaran que trabajan para el desarrollo del jugador. Sin embargo, ese movimiento y la disciplina interior que conlleva tiene sutiles implicaciones.

Volviendo a los dos entrenadores anteriores: ¿Cuál de estos dos propósitos los conecta más con vuestra filosofía de vida, valores? Estos dos entrenadores pueden parecer que tengan el mismo propósito pero, sin embargo, debido a ciertas sutilezas, estos van a ser completamente diferentes.

Me gustaría diferenciar los propósitos de los objetivos. Estos últimos son algo más tangible: por ejemplo, que suban al primer equipo dos jugadores por año. El propósito es algo más intangible. Pero sobre todo, para mí, los propósitos son algo más vital, en cuanto a que nos conectan con la vida, con nuestro día a día, con uno mismo, porque en caso contrario hablaríamos de propósitos estériles, de los que no hacen florecer nada. Y esto es clave si queremos personas y organizaciones productivas que generen jugadores.

Volviendo a los entrenadores y a los jugadores que entrenan: su proceso de formación va a ser sutilmente diferente. Los ejercicios, metodología, preparación física, serán los mismos, esto es obvio -lo que se ve y lo que todos podemos ver-, pero, cuidado, lo sutil es aquello que está pero no desconozco, que influye y transforma pero no se ve, es lo oculto. Aunque es lo que da un toque diferente al producto, mi toque, por eso tiene que estar conectado con mi persona, tiene que ver con mi capacidad de entrenador de ver más allá. En mi opinión, los propósitos pertenecen al mundo de lo sutil.

Entiendo que si estamos trabajando en el desarrollo del talento es porque existe en todos nosotros un deseo de plantearse o reflexionar sobre nuestros propósitos. Este propósito muchas veces está presente, pero no siempre se ve porque cuando te acercas ves muchos filtros (quejas, comodidad, miedos, incoherencias) que ocultan este deseo.

Todos sabemos que si construimos jugadores competitivos hay que ver con una mirada a largo plazo, con tomar decisiones pensando en la mejora del jugador. Sin embargo, ¿por qué a veces nos cuesta tanto mantener nuestros propósitos? Los iniciamos con fuerza, pero ante cualquier pequeño contratiempo (perder un partido) que sintamos que nos cuestiona como entrenadores, este propósito se desvanecen con rapidez. A veces, los clubes inician sus temporadas con grandes propósitos: "queremos ser un club formador", "para nosotros lo importante es que el jugador aprenda", pero lo que ocurre es que hablar de propósitos es algo de mayor calado. No está en grandes declaraciones de intenciones, no está en palabras: está en las prácticas de día a día.

Una habilidad clave en el factor competición, que los entrenadores necesitan trabajar, es aprender a mirar. Mirar, detectar e intervenir en las oportunidades de aprendizaje del día a día, tanto en el entrenamiento como en la competición. Necesitamos cultivar nuestra mirada. Aprender a ver las cosas con una mirada nueva. Y eso implica reflexión, porque toda reflexión trae un cambio de mirada. ¿Dónde tenéis vuestra mirada como entrenadores? ¿Qué veis cuando miráis? ¿Qué es lo que no veo o no quiero mirar?

Hay que tener voluntad de encontrar estos escenarios cotidianos. Pero muchas veces esa voluntad, esa actitud para llevar a cabo un pro-

pósito, la ponemos al servicio del objetivo sin darnos cuenta de que lo importante es el viaje, el proceso, que no tenemos que sofocar con la urgencia o la inmediatez de los resultados, porque ahí está la posibilidad de transformación y de creación. Muchas veces tenemos la mirada en la meta, en las expectativas, en meter un gol o que no me metan, y esto me saca del presente, de mi momento en día a día. Y el propósito pide tener toda la carne en el asador.

El propósito tiene que ver con el grado de compromiso de desenvolvimiento que tengo. No me refiero a competencias ni capacidades, el propósito tiene que ver más con la pureza de la intención. El grado de compromiso es un signo de madurez: es la forma de hacer uso de tu libertad. Es la máxima expresión de tu libertad.

Libertad es elegir y si elijo desarrollar jugadores es porque quiero y me comprometo con todo lo que esto implica. En esto de formar jugadores no se puede estar en dos sitios a la vez. Es aquí donde situamos nuestra ética como entrenadores, los valores en los que creemos y que vamos a seguir. Abrir esa búsqueda de plantearnos un propósito, como desarrollar el talento del jugador, requiere tenerlo muy claro, no se puede tener un pie en un andén y otro en el tren. No valen medias tintas, porque además, en los momentos que hay cruce de caminos, el propósito te ayuda a decidir por donde quieres ir.

Por lo tanto, desarrollar talento en jóvenes deportistas es una elección personal, sostenida por un propósito claro y comprometido. Este grado de compromiso es un signo de madurez profesional, que no se deja influir por el marcador, el cortoplacismo que tienen que ver con otro tipo de intenciones. El propósito es el motor, el corazón que impulsa todo aquello que quieres hacer. Igual todavía no estoy consiguiendo resultados, pero si estoy conectado con mi propósito (lo tengo claro) esa claridad me lleva a la convicción, a creer en ello y a tener el entusiasmo y el coraje de afrontar las dificultades o adversidades propias de la formación de jugadores jóvenes.

Algo que no podemos negar es que los contextos han cambiado y están cambiando, por lo que es necesario que los modos de intervención también lo hagan. Sí que es cierto que hay una toma de conciencia de ello y cada vez oímos más conceptos como formación integral, desarrollo del jugador. Sin embargo, actualmente percibo que estamos en una especie de esquizofrenia social en el deporte formación.

Desde los discursos se reivindica la formación del jugador, jugadores creativos, que piensen, que decidan, pero las estructuras ni los contextos ni las personas cambian para poder desplegar ese proceso. ¿De qué hablamos en nuestras organizaciones? ¿De qué hablamos con nuestros jugadores? ¿Qué realidad queremos crear? Todavía los mensajes de los entrenadores son directivos, dicen cómo y qué hacer, pocas veces

oímos preguntas o silencios encaminados a dejar pensar, las charlas pre partido o criterios de rendimiento están enfocados desde y para el marcador. El paradigma social "lo importante son los resultados" está todavía muy anclado en toda nuestra sociedad.

Conclusiones: el cambio empieza por uno mismo

Durante estas últimas líneas hemos hablado de cómo construir una estética acorde a una ética basada en la persona como un fin en sí misma y no como un medio para los logros de otros. Hemos hablado de diálogo, preguntas, contextos de aprendizaje activos y participativos, pero me gustaría que quedase claro que todo eso no transforma nada por sí solo si previamente no hay un cambio de paradigma. Es decir, hay que preguntarse desde qué lugar interior mío como entrenador voy a construir estos relaciones con los jugadores, decisiones entorno a ellos y contextos de aprendizaje. Aquí está la ética, mi filosofía de trabajo como entrenador, la interiorización de nuevos significados que me orientan en las acciones del día a día. La construcción de una ética y dar una estética apropiada a lo que está haciendo como entrenador implica una evolución personal y profesional que hay que estar dispuesto a hacer: el cambio empieza por uno mismo.

Como entrenadores debemos preguntarnos: ¿Qué tipo de territorio construimos con el jugador? Debemos hacerlo comprendiendo cómo se construye ese territorio primero en uno mismo. En la interacción entrenador–jugador, en lugar de focalizarnos en lo que te voy a dar o en lo que tienes que hacer, tenemos que poner la mirada en ¿qué escenarios estamos construyendo juntos? Esta posición genera confianza, compromiso y permite crear espacios en los que no solo se desarrolla el jugador, sino también el entrenador.

Así pues la tarea del entrenador es aprender enseñando, conocer y conocerse, descubrir el territorio y dar un sentido completo a la idea de ganar. Un entrenador que se construye con esta mirada protagonista y abierta al aprendizaje potencia sus recursos personales y actúa como una fuerza creativa en su medio, generando un entorno de alto rendimiento. En ese espacio aflora el talento y la innovación. Competir entonces es un reto, una invitación y no una amenaza.

La voluntad de cambio no se puede obligar, surge del deseo de cada uno. "El deseo entraña una visión apasionante del futuro, que surge de la insatisfacción con el presente". Ese cambio ha de ser de adentro hacia afuera. De ahí que propongo algunas premisas a reflexionar en relación a los resultados.

- Cuando se educa, el resultado del domingo es solo una variable más.
- Cuando la carga del resultado es muy importante, se genera individuos egoístas, porque en un partido no pueden ganar los dos. El puesto de campeón es para unos pocos y si el enfoque que se tiene es en el mecanismo de ganar, entonces se van a crear instituciones egoístas y ahí no cabe el modelo de aprendizaje.
- El resultado es un dato importante que debe cuestionar más al formador que al jugador, porque el responsable del resultado en estas etapas de formación es el entrenador. Muchas veces quien mide el resultado en sólo una clave ahoga el talento de la persona.
- Los resultados del proceso enseñanza-aprendizaje no pueden sólo valorarse desde el marcador, sino que deben analizarse también y de forma prioritaria desde los procesos, pues es en ellos es donde se van dando las dificultades que habrá que trabajar en el aquí y ahora para que el resultado sea satisfactorio para todos. Esta forma de poner la atención en el proceso se conecta con una mirada interna que potencia lo educativo y por tanto el aprendizaje significativo.
- Cuando hablamos de competición ponemos todo al servicio del resultado y lo importante es el viaje. Son los procesos, que no tenemos que sofocar con la urgencia o la inmediatez de los resultados, porque ahí está la posibilidad de transformación y de creación.
- Porque en este viaje no hay atajos, no hay viajes cortos ni superficiales. Si hablamos de desarrollo de talento o del alto rendimiento, hay que optar por la vía difícil, si quieres un cambio real principalmente cuestionándonos lo que hacemos y cómo lo hacemos siendo crítico conmigo, conociéndome mejor, cuestionándome cosas, aprendiendo a escuchar y a escucharme. Tener una visión cortoplacista, resultadista, simplifica la complejidad de desarrollar jugadores, y cuando simplificas, limitas el potencial de las personas.

El poder del entrenador se sostiene en el autoconocimiento, en la calidad de sus interacciones y en la madurez de sus decisiones.

FACTOR HUMANO

Capítulo 4

¿Cómo nos estamos construyendo como profesionales de la psicología del deporte?

Cristina Fink, Mark Stephen Nesti

Este capítulo es una transcripción de la conversación de apertura que tuvo lugar durante el congreso. De lo que se trataba era de dialogar en relación con las siguientes preguntas: ¿Hacia dónde está evolucionando el desarrollo de las personas en el deporte de formación y alto rendimiento? ¿Qué implicación tiene en los profesionales psicólogos, entrenadores, directores deportivos que trabajan en torno al desarrollo del jugador? ¿Cómo eso afecta al rol y función del psicólogo en los clubes de fútbol y qué formación personal y profesional necesitamos o vamos a necesitar para afrontar nuevos contextos?

Fink: En lugar de leer parte de tu currículum, creo que sería mucho más interesante para todos que nos dijeras cómo has llegado a donde estás, Mark.

Nesti: Gracias, Cristina. Permítanme comenzar con un cuento, y espero contestar directamente a la pregunta de Cristina sobre lo que estoy haciendo aquí sentado frente a ustedes. En primer lugar, hace más de veinte años, cuando trabajaba en la universidad, una universidad deportiva en el norte de Inglaterra, un gerente de fútbol de un club profesional se puso en contacto con la institución académica para preguntar si algún psicólogo deportivo podía trabajar con cuatro de sus primeros jugadores. Era algo positivo y a la vez asombroso que alguien del mundo real, del fútbol profesional al más alto nivel, de un club muy grande, viniera a la universidad, donde todos sabemos que aquí la gente sabe poco de la vida real.

El punto más importante, sin embargo, es que solamente había dos académicos en el departamento que sabían algo sobre el fútbol, porque el fútbol es el deporte de la clase trabajadora en Gran Bretaña. Todos los otros profesores conocían el rugby. Aquí tenemos el primer punto importante: si vas a trabajar como psicólogo en el fútbol en cual-

quier nivel y creo que, en cualquier país, no sólo tienes que tener algo de conocimiento sobre este deporte, sino también sentirlo en el corazón. Tener cierta pasión es absolutamente esencial.

Trabajé con dos jugadores, ambos internacionales de Inglaterra. Con uno de ellos, durante cinco años; con el otro, hicimos apenas tres sesiones. En ambos casos, el trabajo de entrenamiento en habilidades mentales, que pensé que iba a ser eficaz, no lo fue. Algunos de ustedes estarán familiarizados con eso, estoy seguro: visualización, rutinas de pre rendimiento, fijación de metas. A eso me refiero cuando hablo de habilidades mentales.

En la apertura del congreso, María Ruiz de Oña ha estado hablando sobre el diálogo y sobre la relación. La mayor parte de mi trabajo no se basa en el entrenamiento de habilidades mentales o en dar técnicas al jugador para que se autocontrole. Mi trabajo con los jugadores y entrenadores está basado en el diálogo. Ahora bien, en inglés, el "diálogo" puede describirse como una simple conversación con la gente. Eso no es suficiente. No estudias en la universidad sólo para terminar hablando con la gente. El diálogo del que hablo tiene que tener una estructura y fundamentos. Tiene que ser la psicología la que lo sostiene.

Es importante que los psicólogos deportivos puedan hablar con la gente de una manera que pueda llamarse diálogo, lo que significa que tiene que haber conocimientos psicológicos subyacentes. ¿Y cómo llegué allí? Cuando saqué mi título universitario tenía claro que quería desarrollar una psicología profunda. Sabía por mi propia experiencia personal y como jugador que yo quería algo de mayor profundidad y que, además, era necesario para nuestro trabajo con deportistas. Por eso estudié psicología humanista –existencial-, que enfatiza el optimismo, el potencial y el crecimiento individual desde una perspectiva filosófica y social, porque buscaba algo más que conocer las técnicas propias de la psicología del deporte.

Entonces, se preguntarán por qué estoy sentado aquí hablando con usted con mi experiencia con equipos profesionales (la mayor parte de mi experiencia laboral es con equipos de la Primera División). Porque este es el principal objetivo de las academias de fútbol base: tener equipos profesionales con jugadores competentes y en las academias es donde se desarrollan a los jóvenes jugadores. Pero no se trata de producir sólo jugadores. Se trata de producir personas con todo su máximo potencial que pueden entrar en los equipos profesionales de estos clubes. Y esto no se puede hacer con tres ideas generales sobre psicología. Los psicólogos del deporte necesitamos tener un *background*, tanto de trabajo personal nuestro como de conocer una psicología que nos ayude a comprender y desarrollar el potencial del ser humano para poder acompañar a los jóvenes en sus procesos personales y deportivos.

Los clubes pagan a las universidades para que les entreguemos ese trabajo bien hecho. ¿Y cuántos llegan allí? En la Premier League, casi ninguno. ¿Y cuál es el problema? No hay problema. Porque nuestro trabajo tiene que ver con intentar ayudar a personas que quieren hacer algo muy difícil: conseguir retos deportivos y ser personas sanas y competentes.

Así que diría que los psicólogos del deporte necesitamos algo más que un enfoque de rendimiento, necesitamos trabajar desde una psicología profunda desde donde se potencie el desarrollo y el bienestar de las personas. Esto es fundamental para mi filosofía personal, la cual he intentado fundamentar por personas, psicólogos, filósofos, que han escritos libros realmente buenos, la mayoría de los cuales están muertos, como, por ejemplo, Kierkegaard, Sartre. Todos ellos me aportaron conocimiento que explicaba cómo el rendimiento y el bienestar son parte de un holístico. Así que mi enfoque es también holístico. Con esto quiero decir que a los psicólogos del deporte no nos vale con hacer un curso de *coaching* o cursos que, con todos mis respetos, lo imparte gente que muchas veces no está calificada en psicología. Nuestro trabajo tiene que tener mucho rigor y para eso necesitamos tener un soporte teórico y formativo riguroso.

Fink: Hablas sobre el enfoque holístico y eso es algo que escuchamos constantemente. Parece que está muy de moda hablar de tener un enfoque holístico. ¿Qué es?

Nesti: Trabajar desde un enfoque holístico quiere decir trabajar desde un modelo integral. Muchas veces hablamos de entrenamiento integral y en el fondo lo que hay es un conjunto de departamentos pegados, que hacen su intervención de modo separado. Es decir, sería como un sumatorio de intervenciones aplicado sobre el jugador, de modo que su conocimiento quedaría dividido en partes. Pero ¿qué pasa con esto de que el equipo es más que la suma de sus partes?

Sin embargo, el principio general del holismo, que fue resumido concisamente por Aristóteles en su *Metafísica,* es que "el todo es mayor que la suma de las partes", lo cual no tiene nada que ver con inyectarle al jugador diferentes disciplinas por separado. Cuántas veces hemos oído, este jugador ha llegado a profesionales porque le entrené yo, o porque hicimos una sesión de psicología previa al partido, lo ganamos.

El rendimiento es una propiedad que emerge de la interacción de todas las partes que intervienen en ello (el propio jugador, su personalidad, entrenador, médicos, psicólogos, equipo, situación vital). Por lo tanto, es algo más que la suma de esas partes. Por ello, la tendencia holística analiza las situaciones desde las múltiples interacciones que

la caracterizan. Es decir, el holismo supone que el rendimiento de un jugador, por ejemplo, no puede ser determinado o explicado desde una de sus partes -solamente desde el trabajo condicional-, sino que considera que el sistema completo, en este caso el jugador, se comporta de un modo distinto que la suma de sus partes. Es decir, el jugador va a generar algo distinto y de mayor envergadura, en este caso, el rendimiento.

Fink: ¿Cómo se consigue que los entrenadores y las personas que trabajan con las academias de fútbol realmente piensen en ese enfoque holístico?

Nesti: Para empezar el entrenador, debe ver personas no jugadores. El jugador es una parte de la persona y muchas veces lo miramos como si fueran la totalidad. La persona es mucho más que un jugador. Esto implica un gran cambio de paradigma. La persona es el gran valor, la persona del jugador es la que va a tomar decisiones, superar adversidades, sentir frustraciones, y a veces queremos afrontar eso desde el rol del jugador. Habitualmente escuchamos: "Si quieres ser un buen jugador, tienes que mostrar fortaleza", "eres importante para el equipo, dependemos de ti", "en el fútbol, el jugador que duda no puede llegar a la excelencia". Sin embargo, lo que va a sostener posibilitar todas estas exigencias es la persona que está debajo de la camiseta del jugador.

En segundo lugar, necesitamos entender el contexto en el que está la persona (jugador) y cómo la interacción con este contexto influye, modela y condiciona su manera de responder o comportarse en las diferentes situaciones que puedan surgir.

Fink: Pero la pregunta clave en este capítulo es si los psicólogos del deporte comprendemos esta manera holística de trabajar.

Nesti: Creo que los buenos entrenadores entienden intuitivamente la perspectiva holística. ¿Por qué? Porque los entrenadores son seres humanos que entienden holísticamente: la mente, el cuerpo, incluso el espíritu y la espiritualidad tienen que ir de la mano. Mi gran preocupación es cuando los psicólogos, después de haber leído un artículo sobre ello, o haber participado en un congreso, piensan que después de tres días de conferencias ya saben trabajar desde una perspectiva holística. Y la perspectiva holística no es una herramienta más de la caja de herramientas, es una manera de ver, sentir, respirar, interaccionar... tiene que ver con nuestra manera de mirar el mundo y eso implica que tiene que estar muy integrado en nuestro ser como psicólogos o entrenadores. No se puede ser un día holístico y otro no, porque, muchas veces en el trabajo de los psicólogos del deporte, nos encontramos varios filtros que les alejan de esta perspectiva holística, como la inmediatez o la necesidad de resultados del equipo o del jugador con el que trabajo.

Creo que nuestro trabajo como psicólogos es hacer algo holístico, algo de sustancia. Una sustancia real, donde encontraremos a psicólogos como Maslow, Rogers, Jung, Perl. Que esté fundamentado con la psicología humanista, existencial, Gestalt. Nuestro trabajo tiene que tener profundidad y rigor, y esto no es sólo "hablar".

Así que la buena noticia es que creo que los mejores entrenadores ya entienden la necesidad de trabajar holísticamente. Y aquellos que no la tienen, necesitan ser formados en ella. Por otro lado, los mejores entrenadores tienen conocimientos profundos sacados de sus propias reflexiones y experiencias. El psicólogo no sólo puede complementar dichos conocimientos, muchas veces hace falta darles significado, conceptualizarlos o actualizarlos de modo que se vayan reconstruyendo los guiones que en el pasado las personas vamos escribiendo en nuestra vida, los cuales a veces limitan y otras potencian. Pero claro, esto lleva su tiempo. En el fútbol, normalmente no hay tiempo, de un día para otro el entrenador con el que estamos trabajando está y en tres horas después lo han podido destituir. Por ello además de este trabajo de reconstrucción más a largo plazo, el entrenador necesita que le ofrezcamos algo que responda a las necesidades de su realidad inmediata, algo que nos conecte con "puedo ser despedido si no obtengo resultados". El mundo del entrenador es un mundo muy exigente, por ello, se valora cuando les aportas algo que realmente les ayuda. Y esto no tiene que ver con pastillas mágicas, sino con un conocimiento profundo del ser humano. Así que los psicólogos del deporte necesitan entender dónde están y preguntarnos a nosotros mismos si estamos añadiendo verdadera profundidad y significado a lo que hacemos. El material de trabajo ya está allí, pero no está en la psicología del deporte únicamente, va más allá. Está la filosofía, la psicología humanista, existencial u otras orientaciones, y no me refiero a la psicología clínica, que aporten profundidad y rigor al trabajo del desarrollo del ser humano.

Fink: Estupendo. ¡Gracias! Usted habló sobre la importancia de este enfoque interdisciplinario. De hecho, esto me lleva a destacar la importancia del psicólogo que debe ser realmente parte del staff y no estar separado de otros profesionales. Sin embargo, al mismo tiempo también ha hablado en sus libros de tener un poco de separación para poder ver toda la imagen. ¿Puedes profundizar sobre eso?

Nesti: Es una gran pregunta. Es una cuestión de realidad. Cuando entremos en los clubes de fútbol, en sus primeros equipos, y no creo que en las academias sea tan diferente, los directores o managers nos dicen que nuestro trabajo es crear una cultura entre su personal y algunos también nos dicen "no te acerques a mis jugadores". Así que nuestro trabajo es trabajar con los empleados, ¿cuántos puede haber en el Manchester City? ¿150? Entre médicos, científicos deportivos, analistas, fisioterapeutas, entrenadores, personas que trabajan para mejorar el rendimiento. Los gerentes o los entrenadores de los equipos de Primera División no suelen querer manejar ese grupo de personal. Así que resulta que uno de los trabajos en Inglaterra que se dio para los psicólogos académicos o del deporte ha sido construir una cultura entre los diferentes departamentos. Y ésta es una función que tiene que ver más con la psicología de las organizaciones.

¿Habéis estudiado psicología organizacional? La mayoría de nosotros no. No es un material difícil en la teoría, sí lo es en la práctica, sobre todo en un ambiente donde todo el mundo puede ser despedido dentro de seis semanas. Son los resultados los que nos permiten seguir o no trabajando en el fútbol. Eso es brutal. Es hacer política y negocios de alto nivel en un juego de niños. Así que resulta que la gestión de los departamentos y del personal es clave en nuestro trabajo, para asegurarse de que a los jugadores les llegue un mensaje unificado y coherente de toda la organización. Este es un gran reto como psicólogos.

El siguiente trabajo que muchas veces se nos encomienda es el desarrollo de entrenadores. Trabajar con ellos para que crezcan como intérpretes de los jugadores, para que potencien su capacidad de comprensión. Ahora, para responder a su pregunta, cuál es la distancia, el lugar del psicólogo dentro o fuera del staff. Con precisión, una vez dije en un club: "No quiero hacer sólo eso. Creo que también debería trabajar con los jugadores". Así abrí una pequeña ventana para poder entrar en el mundo del jugador: fue un camino largo y difícil. Primero tienes que ser parte del equipo de la organización y luego podrás trabajar con los jugadores tanto del primer equipo como del fútbol base. Aun así, ¿cómo van a confiar en ti los jugadores? La palabra clave aquí es la confidencialidad. La confidencialidad es la clave absoluta.

La última vez que expliqué la confidencialidad en una reunión de grupo en un club en el que estaba trabajando, un manager dijo: "Un psicólogo deportivo que trabaja de manera totalmente confidencial con mis jugadores, ya sea en el nivel de la academia o en el primer equipo, no me sirve. Yo necesito saber lo que está pasando porque se trata de un deporte de equipo". Antes de que pudiera contestar, el gerente del club con el que había estado trabajando durante cuatro o cinco años dijo en mi nombre: "No puede hacer eso", dijo hablando de mí. "No lo dejaré hacer eso, por estas razones: los jugadores no dirían nada de importancia con lo que el trabajo no serviría para nada, porque sería retirado de su cuerpo profesional por razones éticas, y en último lugar, porque mi psicólogo debe mantener distancia de la selección de un futbolista (o de su titularidad) o no puede comprometerse confidencialmente".

Creo que hay dos empleos para los psicólogos en el fútbol -hay más, pero estos son importantes- y están conectados pero separados. Una es la gestión de la cultura organizativa y la otra es el desarrollo de los jugadores y el personal. Mi experiencia me dice que el trabajo principal en el fútbol de alto nivel es ser un psicólogo organizacional para permitir que el trabajo uno a uno sea efectivo. No tiene sentido hacer un trabajo uno a uno si la cultura es "mierda". Y la cultura siempre es basura en un lugar que es rápido, que prima el dinero, hay grandes egos, poder, talento, gente muy, muy inteligente y brillante, pero a menudo con poca educación y formación. Así que hay un trabajo de formación para crear una cultura de excelencia de alta calidad como mejor se pueda, para permitir que los jugadores puedan rendir.

Aunque la mitad de los 16 gerentes con los que he trabajado dicen: "No. No es posible un trabajo individual con el jugador. No puedes mantener la distancia. Tal vez academia, pero en el mundo profesional es muy difícil". Así que el gerente es la clave. ¿Pueden ver el valor de hacer el trabajo totalmente confidencial, más que el médico del club?

Creo que hace falta entrenadores y directores que tengan coraje, moralidad, visión y entendimiento. Están ahí esperando que académicos y consultores entren al juego y escuchen atentamente lo que están buscando. Así que ya ven ustedes qué lejos está el entrenamiento de habilidades mentales. No significa que no valga la pena, pero nuestro trabajo como psicólogos tiene que ver más sobre lo que María Ruiz de Oña estaba hablando: el diálogo y las relaciones.

Fink: Así que usted habló sobre la visión y sobre la importancia de una parte del trabajo que es crear esa cultura. ¿Qué haces cuando la visión no está clara o la visión sigue cambiando, pero no todo el mundo cambia? Siguiendo con María Ruiz de Oña, hay dos elementos clave del juego: el cambio y la incertidumbre. Ahí es donde vivimos, especialmente en el más alto nivel en el fútbol. Entonces ¿cómo manejas estas dos variables?

Nesti: Creo que como psicólogos de la organización, una de nuestras funciones es ayudar al personal que está en la dirección del club (gerentes, entrenadores, directivos) a articular la visión, para que puedan describir en términos fáciles y claros cuál es la visión para su club. Incluso y aunque el entrenador cambie, la visión debe seguir siendo la misma. Así que obtener apoyo para generar esa visión es muy importante. Ya que construir la visión en cualquier empresa requiere tener varias jornadas de reflexión, concentrar a todas las personas que trabajan en esa empresa fuera de las oficinas, en un lugar donde facilite esta reflexión sobre la visión. En el deporte profesional, en el fútbol profesional, es muy complicado tener de seis a ocho días para reflexionar sobre lo que hacen, para construir una visión, a todo el personal llevándoles, por

ejemplo, a un hotel a una hora de distancia de la ciudad, por razones de secreto y confidencialidad. Para hablar al detalle de objetivos, reclutamiento, ciencias del deporte, cómo estamos representados en los medios de comunicación, el trabajo del psicólogo deportivo, problemas entre departamentos, en un ambiente tranquilo lejos de la locura de lo cotidiano. Realizar este trabajo es impensable.

¿Puedes imaginar lo radical que sería en el Barcelona, el Real Madrid o el Athletic de Bilbao una experiencia así, ir ocho días fuera de la ciudad, sin ningún entrenamiento, solamente para reflexionar sobre la cultura del club? Eso es imposible. En el mundo del fútbol, la mayoría de la gente, como usted sabe, está en la acción. No les gusta la reflexión. Acción, acción, acción y luego pensar. Lo que yo propongo es llevar a la gente un día a tener la oportunidad de pensar tranquilamente de una manera enfocada y volver después al trabajo cotidiano. Eso es profundamente contracultural en el fútbol. Eso es normal en una universidad o una empresa. En el fútbol no. Es una manera fantástica de construir su visión real, pero impensable en el fútbol. Así que sin responder nada más sobre eso - a menos que quieras persistir, Cristina-, creo que no puedes tener una visión en el mundo del fútbol. Debería haber mecanismos para hacerla real, de lo contrario la gente será muy cínica y todo el trabajo hecho será contraproducente.

Fink: Estoy de acuerdo con el hecho de que hace falta invertir tiempo en reflexión, en reunirse para construir una visión compartida. A veces en los diferentes clubes hay un día que te vas a hacer este tipo de trabajo y luego tres meses más tarde vuelves a hacer otra reflexión. Sin embargo, el problema típico es que nada ha cambiado realmente. Así que la gente se siente frustrada porque no ven ningún movimiento. Se suele hablar mucho, pero pocas veces se hace algo. ¿Cómo consigue llevar esta visión a la acción?

Nesti: Tanto en el mundo de las academias como en el profesional, el entrenador o gerente -la persona principal- es muy importante y lo es porque si ese entrenador/gerente está detrás de este proceso y el personal sabe que están detrás de este proceso, entonces las cosas van a suceder. No estamos en una universidad donde si no consigo mis objetivos me siento con mi manager y me dice: "Sí, Mark, sé que has estado en España y Suiza y has escrito algunas cosas buenas. Trabaje más duro el próximo año". En el fútbol no es así, es un ambiente en el que la gente es despedida si no lo hace. Así que si el gerente está detrás de este proceso, la gente se esfuerza mucho. En el fútbol, al mínimo error eres despedido e incluso hay veces que sin cometer ninguno también eres despedido. Así que es un mundo muy brutal. Sé que en la academia lo es menos, pero sigue siendo mucho, mucho más brutal que la universidad.

A la gente se le echa de sus trabajos en el fútbol, tanto en las academias como en el mundo profesional. Para echarme a mí de la universidad podrían pasar diez años. Eliminar a las personas de las academias es muy rápido y del primer equipo, increíblemente rápido. Esa es la realidad. Eso no es bueno, pero es un hecho empírico. Eso significa que tenemos que hacer algo para asegurarnos de conservar nuestros trabajos. ¿Existe el miedo? Sí. Hay miedo, pero responsabilidad también. De esto habla la psicología existencial, del miedo y la responsabilidad o más bien de ansiedad y responsabilidad. La ansiedad es necesaria, es algo realmente bueno. Olvídense de *Inverted-U* y la ansiedad competitiva. Como psicólogos del deporte sabemos de eso. Pero la ansiedad frente a las adversidades, la ansiedad acerca de dar un paso adelante y tomar decisiones es buena. Muy incómoda pero buena.

Fink: Usted habla sobre la importancia de que el gerente o el entrenador sean realmente responsables y decisivos para crear esta cultura organizacional. ¿Cómo puedes apoyar a esa persona?

Nesti: Habría que decir que los entrenadores y gerentes no trabajan juntos, cada uno suele trabajar por su cuenta. Creo que es una oportunidad perdida si los psicólogos del deporte no ofrecen su apoyo a estas personas. En Londres hoy hay muchos psicólogos ganando grandes cantidades de dinero que trabajan con personas en el mundo de las finanzas, con altos cargos ejecutivos en trabajos con mucha presión. Esas personas, muy exitosas, están teniendo que lidiar altos niveles de estrés para mantener las exigencias del alto rendimiento. No suelen tener espacios ni profesionales con los que puedan compartir sus emociones debido a la posición en la que se encuentran. Si el gerente y el entrenador ven que el psicólogo trabaja de manera totalmente confidencial con sus jugadores, hay más probabilidad de que digan: "Me gustaría trabajar contigo". Es cierto que no puedes forzarles. Ellos deciden. Con algunos de los gerentes y entrenadores con los que he trabajado han estado muy satisfechos, a su manera, a través de conversaciones *face to face*, del mismo modo que proponía María Ruiz de Oña, haciéndoles preguntas difíciles. No quieren preguntas fáciles a ese nivel. Preguntas difíciles, que les aporten reflexión en un ambiente totalmente confidencial con alguien que tiene conocimiento psicológico para aclarar los desafíos que están enfrentando. Este es el quid de nuestro trabajo: aclarar, dar, construir sentido de los desafíos que ellos enfrentan. Pero, además, ¿con quién van a hablar a ese nivel? ¿Los medios de comunicación? No. ¿Con otros trabajadores? Son líderes. Sólo pueden hablar a un nivel tan personal con profesionales que tengan un conocimiento profundo del ser humano, que les ayuden a comprender lo que están liderando y a comprenderse a sí mismos.

Hice mi doctorado en ansiedad existencial, porque la ansiedad está relacionada con la toma de decisiones y porque la idea europea de la ansiedad -no es la americana o la inglesa- es muy poderosa. La ansiedad es una buena señal, porque tiene que ver con la capacidad de elegir, eso implica asumir la responsabilidad y aceptar nuestra libertad de elegir con todas las consecuencias. Trabajando con un gerente, él me dijo: "Nunca le he dicho a nadie que todos los días estoy lleno de ansiedad y, sin embargo, me encanta mi trabajo. ¿Estoy enfermo?". A lo que tuve que decir: "No soy un psicólogo clínico. Recuerdas que te dije la diferencia. No estás enfermo. Usted está experimentando algo que va con ser una persona que tiene que tomar decisiones individualmente, con poco apoyo y mucha incertidumbre. Hay dos opciones: dejar tu trabajo o buscar la manera de reducir esa ansiedad". Porque la mayoría de las situaciones que le causaban ansiedad tenían que ver con su trabajo: vender jugadores, descartar jugadores, hablar con los medios de comunicación...

Así que algunos gerentes están dispuestos a trabajar con el psicólogo, si confían en él. Si creen que tienen algo extra, algo que les puede aportar a lo que ya tienen. No puede ser sólo una conversación de café. Y eso nos lleva de vuelta al principio, cuando estábamos hablando de la importancia de conocer realmente el medio ambiente. Porque para ellos buscar a alguien fuera del deporte podría ser complicado porque tendrían que explicar lo que los factores de estrés son y porque no son clínicos para estar en esa posición. Así que realmente la comprensión de este trabajo es bastante clave en ese sentido.

Fink: Es un punto muy importante el que añades. El psicólogo: ¿dentro o fuera? ¿Es más fácil ser un psicólogo deportivo en una academia, una sección juvenil, en un mundo de primer equipo dentro o fuera de la organización?

Nesti: Pienso que ambos son necesarios y ambos traen cualidades e hilos diferentes. Ahora estoy haciendo el trabajo fuera, lo que mantiene la distancia Me encantaría preguntar al público lo que es lo más importante para los jugadores que están pensando todo el tiempo. ¿Qué están pensando cada dos segundos? ¿Estoy en el equipo? ¿Por qué no estoy en el equipo? ¿Qué hay de malo con ese entrenador? La capacidad de trabajar fuera es realmente importante como también lo es entender la cultura del deporte de rendimiento y el fútbol. Trabajar dentro del club tiene sus ventajas porque te ven, te observan, a la vez que tú también les ves y les observas. Ellos te observan tomando tu café. Ellos miran cómo hablas con la señora que hace el té. Ellos te observan todo el tiempo para ver tus valores, no tanto escucharlos, sino verlos. No esperan que seas un santo, pero esperan que seas un ser humano con una moral y una ética particulares.

Somos psicólogos. Hablamos de relaciones, confianza, integridad. Esperan verlos. No es perfecto, pero esperan verlos, y cómo lidiar con todo el mundo. Te están viendo todo el tiempo. Los entrenadores están mirando todo el tiempo. ¿Permito que esta persona se siente con algunos de mis jugadores o mi personal? ¿Le dejaré hacer eso? Así que dentro tienes una ventaja porque te están mirando. Te están evaluando. Comunicación no verbal. Un gerente dijo esto: "Puedo decir solo con mirar a alguien diez segundos si voy a dejarlo entrar en mi edificio para trabajar con mi gente. ¿Sabes lo que está en juego aquí? ¿En este juego de niños? Trabajos, carreras. Estoy observando cuidadosamente. Estoy evaluando a la persona que está frente a mí". Así que están haciendo eso desde la intuición, la experiencia vivida. "Por eso no queremos tener a sus colegas académicos en este edificio. Vienen aquí y puedo sentir su arrogancia. Puedo sentir sus doctorados. Puedo sentir que van a decirnos, a gente de clase trabajadora sin educación, lo que deberíamos estar pensando y usar su lenguaje académico para decirnos cosas que sabemos en lenguaje de sentido común. Quiero algo diferente de tu gente. Quiero profundidad, algo que me haga parar y pensar, eso es diferente y eso es lo que nos hace mejores", me decía. Así que a todo esto no se llega sino te han evaluado antes. Así que estar dentro te da esa ventaja, pero estar afuera te mantiene a una distancia de una manera real. Así que ambos, ambos son realmente importantes.

Fink: Usted ha hablado a través de todo el diálogo que hemos tenido aquí hoy acerca de la psicología y ahora mismo está hablando de ser capaz de conectarse con la gente usando su terminología también. Así que conocer el idioma del otro, sin renunciar a lo que usted conoce en psicología, es algo determinante.

Nesti: Sí, claro. Es un punto muy importante, porque si alguien que no tiene conocimientos de psicología sólo escucha palabras técnicas, rápidamente se va a desconectar o no va a volver. Tener diálogo con un jugador o un entrenador podría sonar como una conversación. Y ¿adivina qué? En mi opinión, la mejor psicología aplicada suena como una conversación. Pero la diferencia es que el cliente, el jugador, el atleta, el intérprete, el entrenador y yo sabemos que hay algo más aquí.

Sé que estoy preguntando acerca de la identidad. Sé que estoy preguntando sobre la dificultad de elección y decisión. Sé que estoy lidiando con la ansiedad existencial. Sé que me estoy basando en algunas ideas junguianas relacionadas con la personalidad. Pero yo uso -lo que es difícil- el lenguaje cotidiano, porque sin usar el lenguaje cotidiano tendríamos demasiada distancia. Así que ya sabes: algunos psicólogos quieren distancia y están felices de usar técnicas. Personalmente, para mí, no me siento cómodo con eso y con la filosofía que lo sustenta. En el fútbol he llegado a trabajar con diez jugadores a la semana dentro

de los clubes, con jugadores del primer equipo. Eso no es porque yo esté bien. Eso es porque esta forma de diálogo, de trabajar a través de la conversación, debe tener algún valor. Los futbolistas profesionales no volverán si sienten que no están recibiendo nada del diálogo y las conversaciones que mantenemos con ellos.

Capítulo 5

¿Cómo situarnos en el aprendizaje como personas? La interacción educadora

Pilar Ruiz de Gauna

1. Deporte, persona y educación

En el mundo del deporte en que vivimos hay dos valores que tienen que estar presentes: la persona y la educación. Preguntarnos por la persona en el mundo del deporte no es una pregunta fácil, sobre todo cuando vivimos en una sociedad que no camina en la dirección de la educación, sino que está en la dirección de la deshumanización. Vivimos en una sociedad neoliberal donde lo que importa es la competitividad, el tener frente al ser, el más que el otro.

Es este el momento de la historia, a pesar de que tenemos los mayores avances tecnológicos, también tenemos el mayor grado de deshumanización y ¿por qué es esto? Parece que todos vamos con un discurso, hablamos de unos valores... pero luego ¿qué ocurre en la práctica? Hoy en día, en el deporte se tiene más en cuenta la parte técnica, los contenidos y resultados, que la humana. Por lo que se está dejando de lado a la persona.

Ésta reflexión sobre educación en el fútbol va a necesitar de un proceso de construcción de nuevos entendimientos y significados para afrontar las acciones. ¿Qué es competir? ¿Qué es aprender? ¿Qué es éxito? Para iniciar este camino, es necesario indagar conjuntamente sobre los siguientes interrogantes:

- ¿Qué se está entendiendo en los clubes de fútbol por contexto educativo? ¿Qué aprendizajes se están desarrollando?
- ¿Qué elementos están presentes en la interacción jugador -entrenador?

- ¿Cuáles son las luces y las sombras del aprendizaje en los clubes de fútbol?

No cabe duda de que hay mucha incertidumbre, pero educar significa afrontar esa incertidumbre. Siempre nos tenemos que cuestionar si estamos en el foco del educador y, además, es importante que la cuestión se plantee en voz alta: ¿Somos educadores en nuestro club? ¿Queremos construir un jugador desde el ser humano? ¿Cómo? Puede haber varios caminos, pero el punto de partida de todos ellos es poner en valor esos valores humanos en nuestra interacción, aquí y ahora a través de espacios de diálogo en los que hablemos en primera persona.

Como vivimos en entornos, educacionalmente hablando, muy frágiles, es necesario poner en valor lo que tenemos. ¿Cuándo? Aquí y ahora, porque la educación es un ejercicio de presente, de acción, no de mañana.

Ante lo anteriormente comentado, la primera cuestión que puede surgir es preguntarnos si nos sentimos agentes educativos o no. Posiblemente, no todas las personas que conforman un club de fútbol puedan dar la misma respuesta a este interrogante: unos pensarán que son agentes educativos e intentarán trabajar desde ahí; otros creerán que una escuela de alto rendimiento tiene que preparar a sus jugadores desde la técnica y dejar de lado "eso otro", porque no hay tiempo para todo; otros pensarán que la educación es cosa de la familia y que el jugador tiene que venir con ello de casa.

Quizás esta forma de expresar y de vivir estos pensamientos haya sido construida desde la individualidad y sea necesario pensar globalmente como institución-club para poder actuar localmente como entrenador. Desde esta premisa entramos en una segunda cuestión que atañe a la institución. ¿Qué proyecto formativo tiene las canteras de los clubes de fútbol profesional o no profesional? ¿Qué quiere la institución que aprendan los jugadores? ¿Qué proyecto común tiene? ¿Es algo implícito? ¿Es algo explícito con lo que se dialoga y se establecen las acciones de mejora? Si queremos trabajar en la línea de repensar este marco institucional se hace necesario detenernos y reflexionar acerca de lo que aprenden nuestros jugadores y de las acciones que realizamos junto con ellos para desarrollar este proyecto.

Sin embargo, cuando proponemos un trabajo educativo en los clubes de fútbol es muy común la justificación de que no hay tiempo, por ejemplo. En este sentido, el tiempo o la falta de él puede ser un elemento cuestionador de la educación dentro del alto rendimiento. Sin embargo, la educación no tiene que ver tanto con el tiempo, sino con cómo interactuamos con los jugadores, si se dan espacios para el diá-

logo, para la reflexión sobre sus acciones y sobre sí mismos. Todo esto es parte del entrenamiento también y hay que considerarlo como tal. El educador tendrá que tener la capacidad de discernir cuando tiene prioridad un ejercicio técnico y cuando una acción educadora.

No se trata tanto de rebatir si es válido o no el modelo, sino de ver en qué orientaciones y directrices está sustentando y fundamentado.

Otro elemento que parece que excluye la educación del deporte es la exigencia. En la cultura del fútbol parece que exigencia y educación no son compatibles, así que cuando hablamos de educación no estamos diciendo que no seamos exigentes. Ahora sí, debemos reflexionar con qué material estamos construyendo ese modelo de exigencia. Si solo es un material técnico, es importante incorporar otros materiales que soporten el proceso de exigencia y que mantengan sus ganas de aprender, reconocimiento, acompañamiento en las dificultades, diálogo y escucha. Ahí uno se juega que la brújula vaya por un lado y que construyamos un modelo de exigencia u otro.

Los resultados son otro factor que oscurece o bloquea la posibilidad de desarrollar a la persona del jugador en el contexto del entrenamiento y la competición. Parece que existe una dicotomía: "compites" o "formas".

En el mundo del fútbol, cuando se habla de formación de jugadores, aparece el fantasma de "sí, eso está muy bien pero a los entrenadores se nos mide por el resultado". Otras veces se tiene la idea de que en los partidos se valora si el jugador está aprendiendo o no, y eso implicaría cuestionarnos si la respuesta que da un jugador es realmente lo que ha aprendido, si se puede ver todo lo que ha aprendido una persona en un partido o preguntarnos si la persona es lo que muestra o más.

Es cierto que en el fútbol las valoraciones del entorno tienen un claro enfoque resultadista, incluso los propios jugadores y sus entornos lo son. Tenemos claro que en el fútbol se piden resultados inmediatos. La pregunta que surge aquí tiene que ver con: ¿Cómo vivimos eso nosotros, los entrenadores? ¿Cómo nos estamos enredando en eso? Porque cuando trabajamos desde una perspectiva educativa nos encontramos en esa disyuntiva continuamente: "poner a los 11 mejores o educar a 18 jugadores".

El resultado es un dato importante que debe cuestionar más al formador que al jugador, porque el responsable del resultado en estas etapas de formación es el entrenador. Muchas veces quien mide el resultado en sólo una clave ahoga el talento de la persona.

"Cuando se educa, el resultado del domingo es solo una variable más".

2. Aprendizaje centrado en la persona

Aprender significativamente es más que reproducir una serie de técnicas. Eso sería aprendizaje instrumental. El aprendizaje significativo es cuando comprendo por qué y para qué hago las cosas, y lo que pasa en mí cuando las hago es el eje.

¿Cuando alguien habla de aprendizaje de qué está hablando? Conviene saber que cuando hablamos de aprendizaje podemos hacerlo desde miradas diferentes y que no todos hablamos desde el mismo lugar. Hay personas que cuando hablan del aprendizaje lo hacen desde una perspectiva más instrumental, donde se busca dominar bien la parte técnica. Llevado al campo de las matemáticas, todos tenemos que saber que dos por dos es cuatro, aprender la técnica de multiplicar es un aprendizaje instrumental importante para la vida, pero si queremos ir más allá, porque queremos que los jugadores entiendan por qué y para qué hace esa multiplicación, esto respondería a un aprendizaje de autocomprensión. Puede haber otros que quieran que los alumnos sepan que cuatro millones de niños se mueren al año por hambre y que se pregunten cuál es su responsabilidad desde el mundo en el que están para que ocurra eso. Esta sería la mirada del aprendizaje crítico.

En muchos clubes se enseña que dos y dos son cuatro, pero el aprendizaje instrumental se queda ahí, no pone la mirada en la persona, sino en la técnica. Si esto es así, el aprendizaje está ya prefijado. En esta relación que el entrenador hace con el jugador entonces no estamos construyendo, lo que hacemos es llevarle a un lugar que es el que nosotros queremos. No se está viendo el camino ni lo que sucede ahí, se está más en la reproducción que en la creación.

Lo que ocurre en este tipo de aprendizaje es que el jugador tiene que demostrar lo que previamente he preestablecido y el que llega ahí es el que tiene éxito y el que no fracasa. Además, la responsabilidad no es del entrenador, sino es del jugador (del otro) que no ha sabido llegar donde se le he dicho. La educación trata de reflexionar sobre las prácticas que ponemos en juego sobre las acciones humanas que desarrollamos, en este caso en el fútbol, y el aprendizaje es una parte cosustancial de la persona. No podríamos vivir sin aprendizaje.

¿Qué pasaría si la sociedad nos denunciara por estar creando talentos dormidos? Quizá los futbolistas que estamos desarrollando son grandes talentos técnicamente, pero ¿cómo son como personas? Por ello, la educación se debe dirigir a trabajar las tres necesidades básicas que hay en una persona: vivir, amar y aprender. Estas necesidades son esenciales porque permiten expresar el material del que estamos

hechos, es decir, permite desarrollar todo el potencial que tienen las personas.

- Vivir. Todo aquello relativo a la fuerza, la determinación, la vitalidad, pensar, tomar decisiones, tener iniciativa, afrontar las adversidades. Vivir engloba la necesidad de pertenencia. Vivir está relacionado con la seguridad y el confort de la persona.
- Amor. Proviene de la capacidad de sentir, de expresar emociones, y de empatizar. Tiene que ver con mi autoconfianza, con cómo me relaciono con otros y los demás.
- Aprender. Muchas veces nos encontramos con la resistencia a aprender de los entrenadores y jugadores. Hace unos años hubiéramos pensado: "No quieren aprender". Hoy en día, nos debemos preguntar, ¿dónde han perdido la necesidad de aprender? Me refiero a un aprendizaje vital, que nos ayuda a profundizar en nosotros mismos, a buscar nuestras luces y sombras. Tiene que ver con la comprensión de lo que hago, por qué y para qué lo hago, y de comprenderme a mí mismo en aquello que hago (¿qué dice esto de mí? ¿Qué me pasa cuando tengo que jugar por dentro y no lo hago?). Tiene que ver con el *insight*, con el mirar hacia dentro en busca de saber quiénes somos; de nuestras luces y de nuestras sombras. Cuando un jugador aprende, está aprendiendo algo de sí mismo.

Desarrollar estas tres necesidades abre la posibilidad de sacar todo el potencial que tiene la persona.

2.1. Cómo aprendemos

2.1.1. Generando entendimiento y comprensión sobre lo que hacemos

Uno aprende cuando genera nuevos entendimientos, cuando genera comprensión sobre lo que hace. Uno aprende la técnica (jugadas, estrategias, conceptos de fútbol), pero no quiere decir que esté aprendiendo humanamente porque los animales también pueden repetir. Es decir, ¿qué nos diferencia de un robot? Pues alguno dirá, poner el alma en la acción, poner la vida. El aprendizaje es vital, no lo puede hacer nadie por nosotros, pero lo que sí puede hacer un entrenador es inspirar a las personas a generar acciones de excelencia.

Sacar de la zona de confort, decía Mardones, a veces tenemos que enseñar a los otros los rincones oscuros, es decir, también aquello que no nos gusta, también nuestros miedos, frustración... son parte y son contenido de la educación. Pero lo importante es cómo estamos generando esos procesos de aprendizaje, dónde estamos poniendo el foco. Hablar de estos procesos no es hablar del aprendizaje instrumental, es hablar de procesos donde la persona se responsabiliza, se compromete a crecer, a estar en el mundo y mejorarlo. ¿Nosotros desde el deporte tenemos que contribuir a esto? Todo esto tiene que ver con la apuesta vital que uno hace de su trabajo.

2.1.2. Construyendo contextos educativos.

Cuando trabajamos en contextos educativos aparecen muchas más dudas que certezas, porque venimos de entornos educativos donde la educación, es decir, el ser humano, no es importante, lo importante es lo que hacemos, si somos eficaces o no somos eficaces, si metemos goles o no metemos goles, si cumplimos con la rutina. Por otro lado, tiene que haber una práctica colectiva que dé peso, contenido a ese valor, prácticas que tendremos que crearlas, inventarlas.

La tarea educativa con los jugadores tiene que desarrollarse en un entorno educativo que nos dé sentido y sobre todo tiene que ir más allá de las respuestas profesionales. Lo que tienen que sostener las respuestas profesionales es aquello que a uno le da significado, por tanto, la apuesta es mucho más seria. En esa apuesta tenemos que saber muy bien cuál es nuestro arnés; con qué estamos viajando; nos faltarán muchas cosas pero tenemos otras; necesitamos poner en valor lo que tenemos, nuestros recursos, los propios y los colectivos; tener muy claro que es educar, porque aparecerán otras voces que digan "no, no, esto es fútbol, esto se debe educar en casa"; con la convicción de que educando estamos construyendo al mejor jugador posible y esto puede hacerse extensible a otras profesiones, al mejor médico, al mejor abogado, al mejor albañil. En este sentido, el entrenador es el que ha de generar los contextos de escucha y de diálogo.

Para generar esta comprensión del contexto es necesario preguntarnos si los espacios de interacción que se dan entre jugador-entrenador en el campo, vestuario, se caracterizan por ser contextos educativos. Estos contextos son potencialmente espacios de interacción (acción entre personas), creados intencionalmente para que el entrenador/agente educativo y el jugador adquieran una serie de aprendizajes (profesionales y personales) y tomen conciencia de su situación ante el mundo y de la dirección que ha de tomar su acción. Este contexto se caracteriza

por ser un espacio en el que está presente la acción comunicativa o el diálogo y en él se han de preservar determinadas situaciones como, por ejemplo, que todos seamos tratados como personas, con dignidad y respeto; que podamos compartir nuestras experiencias en igualdad de condiciones, aunque estemos ocupando distintos roles, y que podamos expresarnos libremente, desde el respeto y sin miedo a las represalias.

En este contexto de interacción es en el que tenemos que situar el proceso de aprendizaje y es en el que nos tenemos que cuestionar: ¿Cómo nos estamos situando en él como entrenadores? Esta pregunta ha de incluir también esta otra: ¿Cómo se sitúan en este proceso los jugadores? Pensar en contextos educativos en los que el centro es el aprendizaje, significa cambiar los procesos propios en los que nos hemos socializado y que tienen que ver más con el paradigma de enseñanza-aprendizaje, donde el que sabe se sitúa de forma jerárquica frente al que no sabe, entendiendo a la persona como un depósito que hay que llenar para poder reproducir aquello que le transmitimos. Sin embargo, centrarnos en el aprendizaje y en la persona/personas que aprende lleva a situar al entrenador-jugador en una relación de horizontalidad, de persona-persona. En esta interacción la pregunta del entrenador no es ¿qué tengo que enseñar y cómo lo voy a hacer?, sino que pasa a ser ¿qué tiene que aprender el jugador, cómo lo va a aprender y cómo me va a mostrar que lo ha aprendido? Es en este marco en el que entrenador-jugador se hacen corresponsables del proceso formativo, tomando el jugador su protagonismo en él.

El contexto educativo tiene que ponerse en activo, no tiene que ver con los 40 minutos de entrenamiento, sino con lo que estamos haciendo para desarrollar al jugador, qué espacios estamos creando, qué estamos haciendo para tratar al jugador de este modo. Tiene que ver con cómo el entrenador lo vive y desde dónde lo vive.

En este tipo de aprendizaje nos hacemos otro tipo de cuestiones, no interrogamos sólo lo que hay afuera, sino que uno se interroga desde sí mismo integrando al otro. Son preguntas que me implican a mí desde mis experiencias y le implican al otro desde sus conocimientos y experiencias. Tenemos que aprender a preguntar y para eso tengo que aprender a preguntarme yo. Si mi atrevo a preguntarme más allá de la cabeza, podré conectarme con el otro más allá de su cabeza.

En esta mirada, incorporamos el aprendizaje en primera persona. Es la primera vía de aprendizaje, me da otra expansión de mirada. La idea clara es que me estoy autoconstruyendo y autodefiniendo con el otro.

Hay una tercera mirada, que es el aprendizaje crítico, que tiene que ver con el compromiso y la responsabilidad con lo que hago y transformar a uno mismo y el contexto donde se está. Es una perspectiva que surge de uno mismo y no vale el "hoy me comprometo y mañana no".

Para ello se necesita construirse, educarse, desde el compromiso y la responsabilidad en mejorar lo que hacemos.

La pregunta que surge es: ¿Estos jugadores van a rendir menos? Cuidado, es importante saber que trabajar con esas perspectivas no altera el producto, ni en eficacia ni en resultado, lo que se altera es el producto de ser más persona o ser menos persona. Eso sí, implica otra observación mucho más amplia, cómo observo y me observo y cómo voy gestionando esa autocomprensión y compromiso con lo que hago. Porque por creatividad, por construcción, por sentirse persona, estos grupos van muchos más allá, los primeros se caen a la primera de cambio.

Es importante saber dónde nos lleva esto y que ciertos momentos estén en una mirada o en otra. Es clave saber cuál es nuestra finalidad última y es ahí donde tenemos que poner la mirada.

Los entrenadores pueden pertenecer a clubes que pueden tener estas miradas y otras, y tienen que trabajar con ellas. Un entrenador puede estar hablando desde un aprendizaje que otro no habla y es importante que se pongan de acuerdo y construir desde una idea común de aprendizaje.

Por otro lado, los jugadores también van a tener un entendimiento instrumental, autocomprensión, crítico. ¿Se puede reactualizar estas miradas y crear una perspectiva de aprendizaje propia?

Cuando escuchas hablar a entrenadores o psicólogos, muchos de los comentarios van en la línea de lo que tengo que hacer, lo que le tengo que dar al jugador o dónde le tengo que dirigir. Esta es una sensación que merece reflexión, porque no se trata tanto de hacer un camino para el otro y llevarle por él, sino de construir ese camino con él.

3. Procesos de enseñanza-aprendizaje en contextos deportivos

Hoy en día cada vez se habla más de aprendizaje, proceso enseñanza-aprendizaje, aprendizaje por descubrimiento. Sin embargo, hablar de contextos de aprendizaje no significa aplicar diferente teorías de aprendizaje. Previamente tiene que estar interiorizada en el entrenador una filosofía orientada al desarrollo de la persona del jugador. Esto tiene muchas implicaciones en el entrenador: la primera, salir del rol tradicional del entrenador, que tiene que ver más con preparar entrenamientos, partidos, técnicas y estrategias. No siempre que se entrena o compite hay aprendizaje. A su vez, implica interiorizar y comprender qué significa trabajar desde una perspectiva centrada en el desarrollo de la persona del jugador, y qué cambios me pide eso en mí como entrenador. Y finalmente, quizá el punto más difícil, porque es el que más coraje necesita, dejar que el jugador sea el protagonista en la competición, dejarle espacio para que piense, decida, se equivoque. Ahora volviendo al inicio de esta reflexión, tenemos que tener claro qué es aprender.

3.1. La mirada educativa en la relación entrenador-jugador

La mirada educativa. Cuando interactuamos desde la mirada educativa recogemos la necesidad emocional, técnica y afectiva del jugador y dejamos de considerarle un medio instrumental para obtener buenos resultados.

En la interacción han de estar presentes una serie de elementos de aprendizaje que han de caracterizar los procesos de enseñanza-aprendizaje en entornos educativos. Es decir, tiene que haber un desarrollo de las estrategias pedagógicas centradas en el jugador, tanto a nivel inmediato como institucional.

El jugador ha de ser el corresponsable de su proceso de aprendizaje. Por tanto, la pregunta que se ha de hacer al entrenador no está relacionada tanto con lo que se debe enseñar, sino con lo que el jugador necesita aprender. Es en este proceso en el que el entrenador pasa también a ser una pauta activa de su propio aprendizaje. La relación ya no es tanto enseñanza–aprendizaje desde una relación jerárquica, sino desde una relación horizontal en la que el entrenador se convierte en facilitador de procesos de aprendizaje, desde los que aprende como persona/profesional

3.2. Los elementos y/o situaciones que potencian o dificultan la relación educativa entre jugador-entrenador

La interacción la construimos a través de preguntas, no solo en la relación educativa directa entrenador-jugador, sino también que la hacen el médico con el paciente o el coordinador con su equipo.

Muchas veces cuando preguntamos, uno ya tiene la respuesta en la cabeza. Con la pregunta lo que se busca es colocar al jugador en otro sitio que le permita darse cuenta de algo que no está viendo para que lo pueda mirar y reflexionar. Muchas veces se oyen a los entrenadores decir que los jugadores reproducen la teoría o responden lo que quieres oír. Normalmente estas respuestas responden a preguntas muy estructuradas (¿Qué has hecho para llegar aquí?). La clave está en ser consciente desde dónde, desde qué parte interior formulo la pregunta (¿Desde mi emoción? ¿Desde mi necesidad de tener prisa por ganar?). Sobre todo porque esto me va a ayudar a conectar con el jugador. Enseguida se percibe cuando el jugador me responde desde la cabeza o desde sus entrañas. Y esto lo provoca el entrenador con su pregunta, que por supuesto tiene que salir también de sus entrañas.

Cuando nos situamos en el aprendizaje de la autocomprensión tiene que ver con cómo uno va a dar significado a lo que hace, no es sólo cómo chutar, es al mismo tiempo una mirada de cómo me siento yo, de cómo lo estoy viviendo. Es una observación mucho más completa, porque esa acción tiene que ver con un conocimiento, con las creencias del sujeto, con sus emociones y con la capacidad de comprender. Nosotros como entrenadores le vamos a ayudar a ver, a argumentar, a dar razones y a ver las posibilidades y limitaciones que tengo ante esa acción.

Esto nos sitúa "desde" donde hacemos las cosas. Si lo llevamos al escenario entrenador-jugador, esa interacción tiene que poner la mirada en qué construimos juntos, más que en lo que te voy a dar o tienes que hacer para conseguir un resultado. Es decir, tanto el jugador como el entrenador es un agente activo en esta construcción de aprendizaje y conocimientos. Y es en ese espacio de creación cuando se aprende. Una clave de un buen educador es aprender enseñando, unas veces "dirige" y otras es "dirigido". Habrá veces que las preguntas, dudas, acciones del jugador orienten las acciones y las repuestas a seguir por parte del entrenador.

Esto lleva a los entrenadores a encontrarse con límites que les cuestionan (cuando, por ejemplo, el jugador me hace una pregunta comprometida del juego, cuando me cuestiona una estrategia o ejercicio, o simplemente no la entiende cuando se la explico), es eso lo que les hace crecer.

Los entrenadores pueden decir que al jugador le gusta ser pasivo, prefiere que le dirijan, pero la mirada no es desde ahí, es más desde cómo se está contribuyendo a perpetuar que los jugadores sean objetos y no sujetos activos. Es necesario pedirle al jugador que se posicione como sujeto, porque el jugador vive bien como objeto. La incomodidad, el esfuerzo, las dudas surgen cuando tomo esa posición de sujeto pensante, activo. Pero a la larga hay mayor satisfacción, porque esto es lo que me llevo, el verdadero aprendizaje es el de ser sujeto, el de ser persona.

Detrás de toda esta propuesta de aprendizaje tiene que haber un interés por la persona. Cuando el entrenador se acerca a un jugador y le mira como un ser humano que se expresa como jugador y, se interesa por él, no por la eficacia de su rutina sino por como está, ese interés

tiene que ser sincero. Hay entrenadores que lo hacen, no desde la veracidad, sino desde la norma, desde su estructura educacional. Esto tiene que ver con la manera en la que miran al jugador, si esta preocupación por su bienestar es una estrategia, aunque sea bien intencionada, el jugador se va a defender inmediatamente, no va a creer en esto y va a dar una respuesta de conveniencia, aunque no sea verdad. Este interés es muy significativo porque, por otro lado, lo que el jugador va a hacer va a depender de que sea realmente sincero.

Ahora para preocuparme sinceramente por el otro y preguntarle cómo está, uno necesita ser capaz de manifestar su necesidad de expresar cómo está, algo que suele costar. Si uno no puede conectar realmente con lo que le pasa será muy difícil que entienda qué le está pasando al otro. En el fondo no lo va a entender, pondrá cara de que lo entiende, tendrá un discurso social de entendimiento, pero no será sincero, así que construirán un suelo de seguridad resbaladizo además de crear una cultura del escepticismo y el jugador dirá "ya sí, pero para qué".

Lo que hay que salvaguardar siempre es a la persona. Cuando algo está mal, está mal. Y hay que tener mensajes claros. "Esto no funciona", "aquí no hay compromiso", "esto no marcha". Y cuando marcha bien, también hay que decirlo: "Esto está funcionando". Pero los mensajes tienen que salvar siempre a la persona.

En nuestras prácticas del día a día como entrenadores aparecerán situaciones donde necesitamos saber distinguir cuándo es importante la persona, o cuándo necesitamos dejar a un lado el entrenamiento.

Los entrenadores y los psicólogos necesitan preguntarse si se sienten agentes educativos, cuál es el modelo educativo en sus clubes, si son agentes educadores y cómo contribuyen en el proceso educativo.

En una institución hay profesionales que están en contacto directo con el jugador, a ellos se les identifica como educadores; otros profesionales tienen un contacto indirecto o esporádico, normalmente estas personas no se ven desde esa visión educativa y en ella algunos tienen que empezar a verse como agentes educativos (médicos, fisioterapeutas, psicólogos, directores deportivos), ya que no siempre el que está en la relación directa es solamente el que educa. Si queremos una institución educativa, no sólo los que están en la relación directa con los jugadores puedan sentirse agentes educativos, el resto necesita empezar a verse como agente educador. Sobre todo porque los procesos educativos son una tarea colectiva y se construyen, no vienen dados, y el día a día nos va diciendo lo que se está construyendo. Estas son algunas de las claves para construir contextos de aprendizaje.

Partimos de un proceso de enseñanza–aprendizaje. Este proceso está fundamentado en un modelo educativo tradicional, más implícito que explícito, que en general está más vinculado a lo instructivo que a lo educativo. Las personas que hoy en día están involucradas en tareas educativas vienen de modelos educativos instructivos, donde el profesor daba la lección y el alumno la escuchaba.

Durante el congreso ha estado muy presente la interacción educador-entrenador. Descubrimos en el proceso que en esta interacción han de estar presentes tanto la inteligencia cognitiva (pensar, decidir, dudar), la inteligencia corporal (energía, escucha) y la emocional (detectar, sentir, comprender y afrontar las emociones). Todo ello mediado por el diálogo.

Experiencias y vivencias entorno a los procesos de enseñanza-aprendizaje. Cuando uno es capaz de tomar conciencia de cómo se sitúa en el proceso de enseñanza-aprendizaje, puede adaptar una mirada diferente que le ayude a avanzar en el planteamiento y desarrollo de las propuestas educativas. Esta posición del entrenador en el proceso de enseñanza-aprendizaje tiene que ver con ponerse en el lugar de aprendiz y comprender que mientras enseña, aprende. Esto es una situación necesaria para que se dé el cambio.

Los resultados del proceso enseñanza-aprendizaje no pueden sólo valorarse desde la mirada de los resultados (competición), sino que deben analizarse también y de forma prioritaria desde los procesos. Es en ellos donde se van dando las dificultades que habrá que trabajar en el aquí y ahora para que el resultado sea satisfactorio para todos. Esta forma de poner la atención en el proceso se conecta con una mirada interna que potencia lo educativo y, por tanto, el aprendizaje significativo.

4. El entrenador, desde una perspectiva educativa

Como en el deporte no hay una tradición educativa, los entrenadores necesitan entender que detrás de un jugador hay una persona. Hemos vivido y vivimos en un mundo, no sólo en el deporte sino en la educación y en el *management* también, donde lo importante no es la persona, sino los contenidos o los resultados.

Los entrenadores desarrollan acciones con sus jugadores que afectan tanto al ámbito profesional como personal y seguimos dejando abierta la pregunta inicial si nos hemos de considerar agentes educativos. Cada uno ha de ir generando conocimiento sobre ello a lo largo de su experiencia, aunque sabemos que esto no es algo que pueda dejarse al albur de cada uno, ya que requiere de una mayor comprensión del contexto en el que nos encontramos y de una respuesta colectiva e institucional.

¿Podemos configurar una acción deportiva sin que esté presente la persona, en la que el medio no sea la interacción entre personas sino que sea la técnica? ¿Dónde está la persona en las interacciones que establecemos? Ahora bien, quizás tenemos que preguntarnos. Y yo, ¿me considero un agente educativo? ¿Qué es eso de agente educativo? ¿Si yo soy psicólogo o entrenador, por qué me quieren poner otra etiqueta?

Cuando pides a los entrenadores que identifiquen sus necesidades específicas, éstas suelen ser comunes, como, por ejemplo: controlar las emociones, desarrollar habilidades de liderazgo, llegar al otro (empatía), comunicarme mejor, llegar mejor a los jugadores.

Esto es sobre lo que tenemos que reflexionar, sobre qué voy a liderar, qué competencias me pide ese liderazgo y cuáles necesito mejorar por un lado, sobre las consecuencias morales de la interacción por otro. ¿Lo que yo hago tiene consecuencias en la otra persona? No podemos obviar que nos construimos como personas a través de la interacción. Por lo tanto, el entrenador se va construir como profesional y persona con el jugador a través de la mutua interacción, y el jugador se va a construir del mismo modo en interacción con el entrenador.

Ahora, el método que establezco para relacionarme con la persona, ¿está envuelto de ese conocimiento ético, estético y funcional? Es decir, ¿tiene unos valores? Está claro que la sociedad en la que vivimos se preocupa por lo funcional, por la técnica, por los objetivos y resultados, pero ¿dónde queda la estética y dónde queda la ética? Queremos talento, deportistas que marquen el éxito, que consigan resultados, ¿a qué precio? ¿Estamos en la carrera del éxito o de la humanización? ¿Dónde encontramos la excelencia profesionalidad?

Aquí nos encontramos con otro elemento: el entrenador y su finalidad. "Yo como entrenador, y yo como entrenador y mi finalidad". ¿Me debo a una sociedad, o a la construcción de un mundo más humano y justo? Porque igual eso no tiene que ir con nosotros o tiene que ir con nosotros. De alguna manera, cuando pensamos en el éxito, en el resultado, ¿qué estoy poniendo en juego?

Esto me lleva a otra pregunta: ¿Dónde está la excelencia en la acción? ¿Está solo en la técnica? ¿La acción es también aquella que esta revertida de una buena estética y ética? ¿Por qué tenemos que separar? ¿Quién ha separado la técnica de la ética y la estética? ¿Por qué solamente vemos en la acción la técnica, lo funcional, y no lo vemos en los otros? Y aquí nos surge, cómo nos han educado la mirada: ¿Dónde estamos poniendo la mirada? Quizás solo en la técnica y para nosotros la acción solo sea eso. Ahora bien, educar es generar comprensión sobre las acciones que desarrollan las personas en todos los ámbitos de la vida. Decía Freire que no hay mayor aportación educativa que aquella

que ayuda a las personas a leerse en el mundo, que no es otra cosa que generar comprensión sobre uno mismo.

También hay otras figuras dentro del deporte como psicólogos, fisioterapeutas, que de forma indirecta están proyectando esa imagen educativa o no educativa.

5. El papel del jugador en contextos educativos

¿Qué tiene que aprender el jugador para desarrollar este perfil? Perfil competencial. Si centramos el aprendizaje en el jugador, nuestro siguiente paso ha de ser preguntarnos por los aprendizajes que hemos de desarrollar para conseguir jugadores competitivos. Se podrían destacar como posibles competencias significativas del jugador las siguientes:

1.- Que tenga un conocimiento técnico construido desde un pensamiento crítico.

2.- Que trabaje en la búsqueda de soluciones ante las situaciones que se le presentan.

3.- Que maneje la incertidumbre y dé respuestas creativas.

4.- Que tome decisiones y valore las consecuencias de sus acciones.

5.- Que esté motivado para seguir aprendiendo y desarrollándose personal y profesionalmente.

Si éstas han de ser las competencias que los entrenadores tienen que desarrollar en los jugadores, ¿qué tipo de estrategias tenemos que desarrollar para llegar a estos aprendizajes? ¿Cómo han de ser los contextos de aprendizaje? ¿Dónde fomentamos todo esto? Muchas veces, cuando se plantean en los clubes estas reflexiones, se cuestiona dichas preguntas como algo difícil para que pueda darse este tipo de aprendizaje o formación. Unas veces porque no hay tiempo, otras porque nos piden resultados.

Conclusión

Está claro que en el deporte de alto rendimiento se quieren jugadores y equipos competitivos. El fútbol es un juego y la base del juego es ganar. Ahora, cuando miramos el deporte de alto rendimiento desde una perspectiva educativa, el proceso de formación de jugadores y la construcción de equipos para que rindan a su máximo nivel es bastante

más complejo. Significa que hay que incorporar más elementos, una mirada más amplia y unas acciones que no van únicamente en un modelo formativo.

La matriz de esta idea es darse cuenta de que los jugadores y el equipo son personas y que la tarea formativa es una tarea educativa, que educar es lo que tiene que soportar la formación del jugador y eso implica a los entrenadores y otros agentes cercanos al jugador a poner mucho más de sí mismos.

El proceso educativo tiene poca palabra, hay mucha interacción y lo que hace uno en el proceso educativo es exponerse como persona y desde ahí se crece, es un proceso bidireccional. Por lo tanto, el primer paso para poder educar es ser capaz de mostrarme y de que el otro me vea, y de que yo vea al otro. Cuando siento que necesito al otro para crecer yo, estoy empezando a sentirme educador. Y en ese proceso sabemos que el resultado es importante, aunque también sabemos que no es lo más importante. Cualquier objetivo se construye y se construye en un proceso, lo que sucede en ese proceso constructivo es lo que nos importa. Nos interesa cómo estamos haciendo ese proceso, cómo lo estamos construyendo.

¿El hecho de trabajar desde el paradigma del rendimiento garantiza que mis jugadores son mejores que los que trabajan en el paradigma centrado en la persona? En muchas de las escuelas de los clubes de fútbol se quiere crear un entorno de aprendizaje, un entorno que tenga otro valor con personas con tolerancia al error, con autonomía y responsabilidad, capaces de dialogar entre ellas, capaces de comunicarse entre ellas. Es importante mirar si todo eso sucede en nosotros como educadores, si lo hemos construido, ¿se puede enseñar al jugador algo que no existe en ese otro nivel básico, en el grupo de educadores?

FACTOR INTERACCIÓN

Capítulo 6

Liderazgo y relaciones entrenador-jugador

Cristina Fink, Christian Luthardt,
Marcos Mansur, Unai Melgosa

¿Qué impacto tienen los entrenadores en los jugadores en su proceso de formación? Para entenderlo, necesitamos ser conscientes de cómo generamos ese impacto y qué consecuencias tiene. No todos los estilos de relaciones generan aprendizaje y desarrollan el talento. De todo esto se habló en esta mesa redonda, del congreso de Bilbao, que a continuación transcribimos.

Sentido y significado que le damos a las relaciones

Ahora vamos a hablar de equipo, liderazgo, conceptos que tienen tanto peso en nuestra construcción como profesionales. Lo vamos a hacer desde la relación, porque es nuestro modo de expresión en el mundo. El tipo de relaciones que establecemos habla de las motivaciones que subyacen detrás: altruistas, resultadistas, de seguridad, reconocimiento. Desde ahí nos construimos. Es la base del vínculo, en cualquier empresa, organización, equipo, somos relaciones. Quizá la relación sea la prueba del algodón a través de la cual podemos hacer acupuntura -nosotros mismos en nuestras acciones, comportamientos y carencias-, y a partir de ahí conocernos mejor.

Mansur: ¿Qué huella dejamos en el jugador? Todos los vínculos que tejemos con las personas que nos relacionamos nos dejan una huella. ¿Qué huella nos han dejado algunos vínculos que hemos tenido o qué huella hemos dejado nosotros?

Melgosa: Me gustaría decir que voy a hablar desde la primera persona y no desde la autoridad. Uno tiene que ver qué resonancia tiene en lo que ocurre alrededor de él. Cómo yo me relaciono con las personas

es igual a cómo me voy a relacionar ahora con este grupo que tengo delante. Desde donde me voy a relacionar hay una parte de miedo que aparece en mí que me lleva a ser cauto, es una parte positiva, porque me informa. Hay otra parte que me paraliza, porque al hablar estoy poniendo en juego mi ser: ¿Lo haré bien, me gustó, qué pensarán? Primero tengo que saber cómo me relaciono ahora y eso me va a dar información sobre mis relaciones en general.

En la huella, cuando soy entrenador, primero trato de darme cuenta si soy capaz de ver al otro. Porque como todos, yo también tengo mis filtros (orgullo, resistencias, mi necesidad de tener razón, mi necesidad de poder), todas esas experiencias nublan mi visión del jugador. Un reto es darme cuenta de cómo todo eso influye en la huella que dejo al jugador. Cuidado cuando sólo esa parte de mí es la huella que recibe el jugador. Pero el gran reto es reconocer todo aquello que es mío y se lo proyecto al jugador, todo aquello que tiene que ver con mis sombras, lo que no sé de mí, lo que no me gusta o no reconozco en mí. Sí podemos verlo en los otros: el jugador es como el espejito mágico de la madrastra de *Blancanieves.* A veces me miro en él y no me gusta nada lo que me llega, pero lo soluciono rápido "rechazando al jugador". Todo esto se infiltra en nuestras interacciones con el jugador. Unas veces es secretamente y otras veces no tanto. En mi caso es importante mirar, darme cuenta de si esa huella va a servirle al jugador o si simplemente esa huella sólo ha sido un reflejo de mi ego.

Fink: Para poder dejar una huella es importante poder relacionarnos con la persona. Yo no sé qué huella dejo en el otro. Yo puedo tener una intención de dejar una huella y luego dejar otra. Un día entrenando tenía que saltar las vallas dando tres pasos y yo le dije al entrenador que no podía. Entonces me dijo: "Si no puedes, recoge tus cosas y vete". Pero yo como soy competitiva, pensé: "Ahora vas a ver que sí puedo". Eso me dejo una huella: no decir que no puedo, si tú no crees que puedes, entonces no lo hagas.

Luthardt: Tampoco sé qué huella estoy dejando en las personas, pero lo que sí sé es que quiero dejar la mía. Hablamos de aprendizaje y éste es algo muy personal que se da entre dos personas y los que me han dejado una huella es porque han sido ellos mismos y yo he creído. Muchas de las personas que me he encontrado y han hecho impacto en mi vida lo han hecho porque eran personas y estaban hablando sinceramente, no sólo porque querían conseguir que yo hiciera algo, sino porque me estaban hablando honestamente. Esto a veces es un desafío especialmente si trabajas con jugadores profesionales, donde muchos tienen una especie de fachada, pretenden ser otros o ser perfectos. En ese entorno mi desafío es ser yo mismo porque entonces sé que tengo relaciones positivas y generadoras. Cuando pretendo ser el psicólogo perfecto, me pongo tenso y tenso al jugador.

Mansur: En vuestras aportaciones salieron varias claves: estar presente, dejar "mi" huella, las emociones que surgen, la humildad y generosidad, aprendizaje, sinceridad sin un objetivo y ser yo mismo ¿Qué es importante en las relaciones y cuáles son los elementos básicos?

Melgosa: Para mí, el punto de partida es ser consciente de cómo el otro impacta en mí. Hay veces que me relaciono con el jugador desde cómo le veo, con mis prejuicios y etiquetas, y no permito abrirme a otras posibles imágenes. Yo procuro dejar un espacio abierto para que se den esas otras posibilidades. Uno tiene que estar abierto mentalmente para generar un espacio y dentro de ese espacio es donde aparecen las relaciones. A veces a los entrenadores nos falta estar abiertos, disponibles a otras miradas, sobre todo cuando estamos en situaciones de incertidumbre o de inseguridad y, claro, uno no quiere estar en ese territorio desconocido porque me da miedo y no lo controla. Este territorio desconocido todos los tenemos, tanto dentro de nosotros mismos como fuera. Nuestra capacidad de aprendizaje y el coraje para aprender es lo único que cruza esa fina línea de lo conocido y dominado por mí, a lo desconocido y nuevo. Y a su vez es la necesidad de tener todo bajo control como entrenador lo que me retiene en la parte conocida por mí y va a marcar mis relaciones con los jugadores. Muchas veces buscamos controlar, nos da seguridad y eso tiene que ver más con mi necesidad como entrenador que con la necesidad del jugador.

Algo también importante es saber regular lo que le doy al jugador. A veces, los entrenadores nos presionamos con la idea de que tenemos que darle más y más al jugador, que cuanto más le demos, mejor. Yo me pregunto a mí mismo ¿siempre puedo dar? ¿Y cuando no puedo porque estoy cansado, frustrado? Me di cuenta de que este acto de dar generaba un desequilibrio en la relación con el jugador. Éste cada vez estaba más pasivo y tranquilo a la vez, esperando mi atención en forma de energía, cariño, respuestas o soluciones, mientras que yo me ofuscaba. Así que un día dejé de presionarme y me dije. "Te voy a dar la atención que tengo en este momento". Eso sí, me hago responsable de que esta atención sea de la mayor calidad posible. Y aquí los entrenadores tenemos nuestro material de trabajo, porque sólo podemos dar al jugador lo que tenemos y eso que tenemos es lo que tiene que crecer y mejorar en nosotros.

Luthardt: Como deportista quieres controlar todo. Sabemos de la importancia de la visualización y del control de las emociones, pero tus emociones no las controlas, no es tanto dejar de sentir, sino de manejar, tienes que saber cómo convivir con ellas. Fink hablaba de otro elemento importante en las reacciones: escuchar. Todos los que trabajamos

alrededor del jugador necesitamos aprender a escuchar la vivencia de los demás, no imponer nuestras vivencias. Yo puedo sentir las cosas de una manera y el deportista de otra.

Melgosa: Hacer un espacio dentro de mí para la otra persona, el jugador. Muchas veces asumimos nuestra responsabilidad, la del otro y no dejamos espacio para que el otro asuma su responsabilidad, tome sus decisiones o sea el mismo. Estar abierto a la experiencia del otro, entenderlo con la cabeza y con el corazón es un elemento clave para construir relaciones de aprendizaje. Otro elemento que tiene que haber en las relaciones son los límites. Cuando no hay límites, tu espacio desaparece. Hay que poner límites, nos dan un marco de referencia. A veces ponemos muchos límites que condenan, digo "no" con una carga de emoción que no es un límite, es más un "te destierro al infierno". La condena desgasta al entrenador y estropea la relación. Otras veces ponemos límites desde la emoción. El entrenador descarga en el jugador su enfado, su furia. Al jugador le llega la emoción, la rabia y reacciona ante ella, pero, sin embargo, lo importante, el mensaje, el límite o el aprendizaje se queda diluido. Y no ayuda a tener una relación completa con el jugador donde crezca él y crezca yo como entrenador. La responsabilidad de cuidar la relación es de ambos y cada uno tiene sus nichos a cuidar. A veces los jugadores se mantienen en un estado pasivo y eso al entrenador lo hace sentirse cómodo, sentirse poderoso, le gusta hablar desde el púlpito, donde se ve grande por encima de...

¿Cuál es el papel del jugador en la relación?

Luthardt: El proceso de aprendizaje es del jugador y éste asume su responsabilidad como tal. Y por mucho que sepamos de psicología, de fútbol, debemos respetar que es su proceso y que no es el nuestro, y que él lo está haciendo para él y no para nosotros. Hay veces que siento que lo queremos más para nosotros que para ellos.

Fink: Una vez un atleta me dijo: "Es que no me dejas pensar, Cristina". Entonces me di cuenta de la necesidad de dar espacio. Y dar espacio significa que habrá silencio, que yo como psicólogo, aunque me incomode y no sepa adonde me lleva, tengo que respetar. Vivimos muy acelerados y siendo reactivos. El silencio es un lugar muy especial para generar y a partir de ahí para la reflexionar, accionar y relacionarnos de otra forma.

Melgosa: Los entrenadores necesitamos aprender a estar cómodos con el silencio. No es lo mismo estar callados que en silencio. Cuando estamos callados, nuestra mente no está en silencio, más bien está reteniendo lo que diría pero no digo. Por ejemplo, un jugador puede estar callado y pensando en qué rollo nos estás metiendo. No me interesa. Cuando un jugador está en silencio, hay conexión con el entrenador.

Su actitud es de estar presente y comprometido en la conversación, se me permite reposar la pregunta, generador, cuestionador, un lugar donde estoy en contacto conmigo y eso nos da miedo. A veces el jugador se mantiene pasivo, espera a que el entrenador tome el poder, está cómodo en la pasividad de la relación; para el entrenador también es cómodo y nos gusta tomar el poder, porque nos encanta hablar desde el púlpito, tener control sobre el otro y dominar. Cuando el sujeto es pequeño, pasivo, dependiente y le doy el *speech*, me siento poderoso y he generado dependencia en el jugador.

A la hora de pasar la responsabilidad al jugador, va a haber muchos silencios. Pero después de los silencios vienen las cosas interesantes, porque el jugador tiene tiempo de profundizar lo que ha dicho. Normalmente reaccionamos a las situaciones. Sin embargo, el silencio es un lugar muy especial para regenerarse, reflexionar y accionar. Creo que en cualquier relación necesitas un punto de tensión adecuada para que genere se crecimiento. Pero ¿dónde yo como entrenador me sitúo ante el conflicto?

Mansur: Otro tema interesante es la relación y la interacción como medio para la creación de un espacio para crecer tanto el jugador como el entrenador. ¿Qué implica eso a los entrenadores o a los psicólogos? ¿Qué me sugiere a mí cuando me doy cuenta de que me construyo en interacción con el otro y por lo tanto el otro me construye a mí?

Melgosa: Una de las maneras es darte cuenta de que el otro es un espejo en el que yo me reflejo. Y claro, ¿qué pasa cuando yo trabajo en el equipo y viene un jugador a hablar conmigo y resulta que no me gusta lo que me dice o cuando el jugador me cancela la cita? Como psicólogos es importante tomarse tiempo después de la sesión y reflexionar sobre lo que hemos sentido en la situación, o que aspectos míos se me remueven o me incomodan cuando estoy con ese jugador. Porque si no los tengo en cuenta, van a influenciar en la relación facilitándola o dificultándola.

Capítulo 7

El sentido y significado que le damos a las relaciones y su impacto en el rendimiento

Cristina Fink

¿Cómo consigo relacionarme con otra persona? ¿Qué tengo que dar de mí mismo para poder establecer una relación? ¿Qué tipo de interacción busco? ¿Quiero tener una relación o simplemente un contacto? Para cualquier tipo de relación tiene que haber una base de comunicación. El modelo de Berne de relaciones transformacionales nos ayuda a ilustrar la importancia que tiene el dar de uno mismo para establecer relaciones. A medida que damos de nosotros mismos, que no nos quedamos en el simple saludo, vamos aumentando la posibilidad de conectar realmente con las personas. Si utilizamos el ejemplo del clima para ilustrar este modelo, se vería de la siguiente manera.

Cuando llegamos al entrenamiento y hablamos del clima, generalmente lo hacemos en el nivel de ritual o cliché (un día hermoso) y de ahí pasamos a hechos e información (sí, estamos a 21 grados). Si seguimos hablando y consideramos que estamos en febrero y que hace demasiado calor para este mes, podemos empezar a hablar de que nos preocupa el planeta. A estas alturas, ya estamos hablando de creencias y actitudes. Si la conversación continúa y hablamos de la preocupación que tenemos por lo que le estamos dejando a las siguientes generaciones con el calentamiento global, ya entramos en emociones y sentimientos. Si estamos hablando con personas que piensan como nosotros, generalmente podemos hablar más del tema y quizá hasta compartir lo que podemos hacer si unimos fuerzas para mejorar el problema de calentamiento global. Si la otra persona dice que no es cierto y que el calentamiento global no existe, puede hacer que tengamos una discusión y que incluso acabemos por pensar que esta persona no tiene consciencia social. A medida que cambia la conversación de hechos e información a actitudes, emociones y sentimientos sube el riesgo y tiene que aumentar la confianza. Si me estoy entrevistando para un trabajo, quizá no siento el mismo nivel de confianza y me limito a hablar de información. Si en realidad quiero hacer algo para cambiar, tengo que tener confianza para poder relacionarme con la otra persona a un nivel en el que establezco un acercamiento o *rapport*. (Adaptado de Berne, 1964).

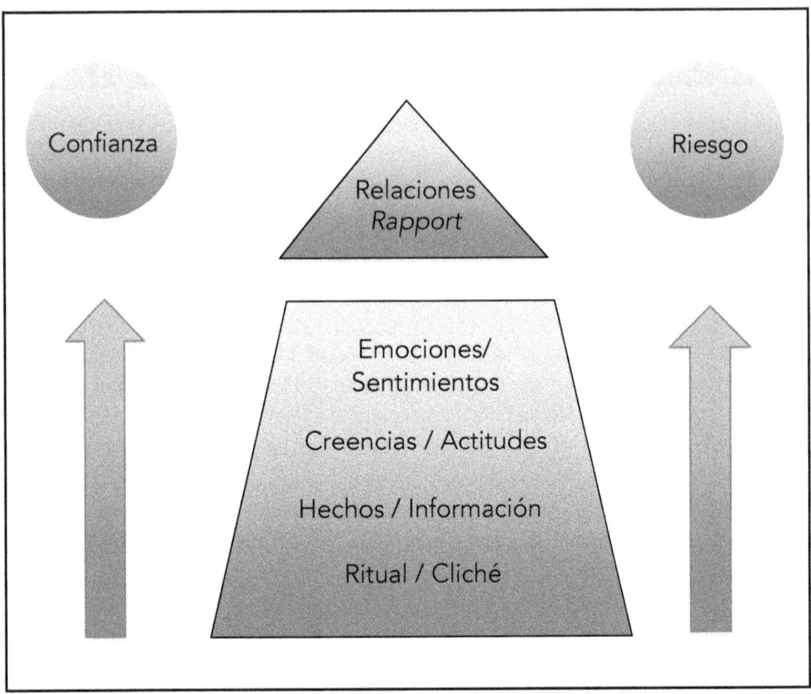

Si hablamos de jugadores de fútbol, en este sentido, y queremos que rindan al máximo de su potencial, tenemos que hacer un esfuerzo por relacionarnos al nivel de las emociones y sentimientos. De esta forma, cuando nos estamos relacionando con los jugadores o con quienes trabajamos, tenemos que asegurarnos de dar un espacio para realmente escuchar y no solamente decir lo que hay que hacer. En ocasiones, tendremos que dar espacio al silencio, que puede ser muy poderoso. Invita a la otra persona a pensar y articular lo que está pensando sin sentirse apurado. Tenemos que reconocer que cada uno tiene un ritmo diferente y, por lo tanto, hay que estar en silencio para poder dejar que la otra persona pueda pensar y conectar a su ritmo. Además, de esta forma nos aseguramos de realmente escuchar, no sólo estar pensando lo que voy a responder.

Otra forma de asegurarnos de que nos estamos comunicando eficientemente para elevar la relación es a través de historias, porque con

éstas compartimos eventos que nos han dado un significado en la vida. Nos podemos conectar y los demás recuerdan la historia y cómo les hizo sentir más que otra información. Los jugadores tienden a recordar más cómo les hizo sentir algo que lo que les haya dicho el entrenador. Entonces nos podemos preguntar qué huella queremos dejar en los jugadores con los que estamos trabajando. ¿Realmente prestamos atención a esto? La única forma en la que puedo saber si estoy dejando la huella o causando el impacto que busco, es dándole un espacio al jugador para que pueda expresar lo que está aprendiendo o lo que le está ayudando.

Si bien lo que buscamos es el sentido que le damos a las relaciones y el impacto que tienen en el rendimiento, tenemos que hablar de lo que motiva al jugador. Si le hemos dado un espacio para escuchar al jugador y nos hemos conseguido relacionar con él, podremos crear el ambiente propicio para que se sienta motivado. Utilizando la teoría de Deci y Ryan, vemos que los jugadores pueden desarrollarse mejor en un ambiente con las siguientes características para su desarrollo (adaptado de Pink, 2009).

Autonomía

- Permitir que los jugadores tomen decisiones.
- Proporcionar seguridad para que el jugador no se sienta castigado por errores.
- Alentar a los jugadores a que se fijen objetivos personales retadores.
- Darle información a los jugadores para que puedan tomar buenas decisiones.

Competencia

- Proporcionar retroalimentación o *feedback* motivacional y de desarrollo.
- Alentar un enfoque hacia la maestría de la tarea.
- Proveer oportunidades en las que el jugador trabaje en áreas en las que se siente competente.
- Crear oportunidad de desarrollo que le den significado al jugador.

Pertenencia

- Proveer oportunidades de interacción social.
- Alentar y permitir colaboración (como le puedo ayudar a mi compañero).

- Desarrollar vínculos sociales robustos.

Sentido

- Entender lo que le importa al jugador o al equipo de trabajo.
- Alentar a los jugadores a desarrollar su propia visión para el equipo.
- Ayudar a que día a día sientan una conexión a esa visión.

Si logramos crear un ambiente en el que el jugador puede desarrollarse plenamente, podemos hablar de la huella que buscamos dejar, que ellos mismos forjen su camino, que dejen ellos su huella. En el estudio de entrenadores que dejan una huella en sus jugadores, Janssen y Dale (2002) encontraron que estos entrenadores tienen varias características en común: son los que consiguen no sólo resultados, sino realmente logran relacionarse con sus jugadores para que estos den lo mejor de sí mismos. A continuación se encuentra una descripción de las características con una breve descripción de los jugadores encuestados:

Carácter/personalidad

- Mi entrenador tiene buenos principios y valores. Quiere hacer lo correcto.
- Mi entrenador es honesto y consistente conmigo y mis compañeros.
- Me gusta estar relacionado con este entrenador.

Competente

- Mi entrenador conoce muy bien mi deporte.
- Mi entrenador es innovador. Le gusta estar a la vanguardia y conoce las últimas reglas e información pertinente.
- Mi entrenador es humano, reconoce cuando se equivoca y lo acepta.

Comprometido

- Mi entrenador tiene una visión y cree que la podemos conseguir.
- Mi entrenador es un apasionado de mi deporte y de nosotros como personas.
- A mi entrenador le gusta ganar.

Cariñoso, le importo como persona

- Yo le importo a mi entrenador.
- Mi entrenador haría cualquier cosa por mí.
- Sé que podré contar con mi entrenador el resto de mi vida.

Da confianza

- Mi entrenador cree en mí.
- Mi entrenador tiene expectativas altas para mí.
- Mi entrenador me hace creer que puedo lograr lo que me propongo.
- Mi entrenador me apoya cuando tengo problemas.
- Mi entrenador reconoce mi esfuerzo.

Buen comunicador

- Mi entrenador es un buen comunicador.
- Mi entrenador afronta situaciones antes de que se conviertan en un problema.
- Mi entrenador me escucha y toma en cuenta mi punto de vista.
- Mi opinión le importa a mi entrenador.

Consistente

- Mi entrenador es consistente y justo.
- El comportamiento de mi entrenador se mantiene estable independientemente del resultado.
- Mi entrenador mantiene la disciplina de manera justa y efectiva.

La pregunta es: ¿Cómo se puede conseguir una relación en la que los jugadores se expresen así? Volvemos a la intención que debemos tener con el sentido que encontramos y en cómo nos relacionamos con los jugadores. Podemos usar el ejemplo del Club Deportivo Villareal, que ha cambiado su metodología. Los entrenadores comparten la responsabilidad de los jugadores en equipos de entrenadores en lugar de un entrenador por categoría. Además, en los torneos de fútbol se puede escuchar al entrenador preguntando cosas a los chicos durante el partido, viendo el partido como una oportunidad para cuestionarse y aprender. En realidad, están buscando que los chicos tengan mejores experiencias y que las puedan usar a lo largo de toda su vida. No es de sorprender que al tratar mejor a los chicos y al involucrarlos en su desarrollo como personas y futbolistas, estén teniendo mejores resulta-

dos. Parece ser que el rendimiento de los chicos se ve beneficiado por los entrenadores que buscan darles otras oportunidades de relacionarse y aprender. Los jóvenes discuten los partidos y se retroalimentan entre ellos sin importar las edades. De esta manera, los jugadores se aprenden a comunicar mejor y a perder el miedo a tener una opinión (presentación de Sergio Navarro en el curso de entrenadores en Dallas Cup, Estados Unidos, 2017).

En la Academia de Philadelphia Union, los entrenadores están buscando esta misma respuesta, dando a los chicos la responsabilidad de presentar delante de grupos cómo ven los partidos de acuerdo a las metas personales que han establecido. Que los jugadores tomen responsabilidad por su mejora y que se sientan comprometidos con ellos mismos, sus compañeros y sus entrenadores provoca mayor diálogo y un mejor entendimiento. En los estudios realizados por Fink (2003), en los Juegos Olímpicos, uno de los factores que más influencia tiene en los resultados es precisamente la relación entre el entrenador y el atleta más la comunicación que existe entre ambos.

Si en verdad queremos ver el efecto que tienen las relaciones con el rendimiento, tenemos que estar abiertos a aprender de los demás, a escuchar y crear espacios en donde existan límites para dar seguridad, pero al mismo tiempo confiar en la responsabilidad de cada uno por ser dueño de su desarrollo y rendimiento.

Bibliografía

Berne, E. (1964). *Games people play: The psychology of human relationships*. New York: Grove Press.

Fink, C., Rolo, C., Jannes, C., & Gould, D. (2003, Octubre). *Factors influencing Olympic performance: Mexican Olympic coaches' perspectives*. Association for the Advancement of Applied Sport Psychology Conference, Philadelphia, Pennsylvania

Janssen. J. & Dale, G, (2002). *The seven secrets of successful coaches: How to unlock and unleash your team's full potential.* Tucson, AZ: Winning the Mental Game.

Pink, D. H. (2009). *Drive: The surprising truth about what motivates us.* New York, NY: Riverhead Books.

Capítulo 8

Las relaciones en el equipo

José María Amorrortu, Sabino Ayestarán, Luis Cantarero, Meho Kodro, Andrés Palop, María Ruiz de Oña

Los ponentes que firman este capítulo debaten sobre las siguientes preguntas: ¿Qué es un equipo? ¿Es el equipo esencialmente un sistema de relaciones humanas? ¿Cómo las personas funcionamos en equipo? ¿Cuáles son las claves para construirnos en equipo?

Ruiz de Oña. Hace falta recuperar el sentido original de por qué y para qué nos unimos en equipo. Antropológicamente hablando unirse en equipo es una necesidad del ser humano. Para nosotros hay que indagar en la idea de que un equipo ha de ser un contexto de aprendizaje en el que se posibilite el que todas las personas confluyan por un objetivo común. Este es un proceso muy complejo que exige no sólo del desarrollo de una competencia técnica sino de capacidades y potencialidades personales.

Cómo construir equipos hoy en día es un gran reto. En esta conversación tratamos de dar unas claves. Hay un modelo vertical que parte de unas determinadas ideas que quiero llevar a un equipo, de la ortodoxia hacia la ortopraxis (en general todo lo hemos aprendido así). Aprendemos sobre modelos que tratamos poner en marcha cuando en realidad un equipo se construye justo haciendo lo contrario, desde la ortopraxis a la ortodoxia: el punto de partida es la realidad del equipo, las personas, que es lo que está pasando, cómo estamos.

Para comprender cómo construir un equipo hay que partir de esa ortopraxis, que el material de un equipo es lo que está ahí y ver cómo llegamos a ese material, qué conocimiento tenemos de él, de competencias de personas, de necesidad, etc.

Empezar por dibujar ese mapa, a partir de las experiencias individuales de cada uno, entrar en el universo de la experiencia individual, de su práctica y desde ahí iremos construyendo a un equipo. Así pues, la única forma de construir un equipo es entrando en contacto directo

con las personas. Tratamos que la gente aprenda cosas, que comprenda, pero hay que entender que el punto de partida, lo que construye realmente a un equipo, es la realidad que tenemos en frente, lo que hay, no lo que me gustaría que hubiese.

De acuerdo con estas palabras introductorias podemos afirmar que hay tres grandes bloques de intervención:

1. Naturaleza del equipo. Hace falta recuperar el sentido original de por qué y para qué nos unimos en equipo.
2. Modo en que uno opera dentro del equipo. Un equipo fundamentalmente es un sistema de relación humana. En esta relación intervienen tres actores: el yo, el otro y el colectivo. Es importante comprender cómo se relacionan estos elementos.
3. Acompañamiento individual. Si los componentes de un equipo no tienen la capacidad de reflexionar sobre sí mismos y sus acciones, el equipo tampoco la va a tener. Muchos directores de equipos tienen la idea de que se puede trabajar a nivel macro sin desarrollar competencias micro.

Amorrortu. Iniciar el apartado de trabajo en equipo no es fácil. Lo primero que me viene a la cabeza cuando uno está trabajando en un club de fútbol, o en cualquier otra organización, es cuestionarnos quiénes somos, qué somos y hacia dónde vamos y sobre todo qué podemos compartir. El trabajo en equipo es compartir todo lo que tú eres. El verdadero trabajo en equipo parte de la generosidad de esa intención. Cuando se entra en un equipo normalmente se habla del contrato explícito para estar en este grupo (normas, filosofía, hábitos, funcionamiento, compromisos...). Sin embargo, la generosidad de la intención pertenece al contrato implícito. Muchas veces esto se supone, se espera, pero no se habla. Sólo cuando empieza a haber conflictos entre lo que se esperaba y lo que se está haciendo, o malos entendidos -"yo pensaba que..." "yo creía que..."- es cuando esta intención sale a la luz, y se quieren resolver, pero normalmente ya es tarde.

Para que un equipo funcione, lo más importante es que las personas se sientan partícipes. Por eso es importante subrayar las relaciones de cada una de las personas. La cuestión de la relación no es si somos o no afines, es si esta relación nos permite crecer colectivamente, de crear espacios de aprendizaje común, de dar significado a lo que hacemos, que nos permita generar cosas, ese es el paradigma de lo que estamos hablando y por tanto crear un equipo.

Un equipo fundamentalmente es un sistema de relaciones humanas. Como ha dicho María Ruiz de Oña, en estas relaciones intervienen tres actores: *el yo, el otro y el colectivo*. Es importante comprender cómo se relacionan estos actores, sobre todo cómo interactuamos nosotros, los que estamos dirigiendo equipos.

Ayestarán. Estoy pensando en la construcción de equipos de innovación. En los grupos hay tres formas de trabajar. El modelo terapéutico centrado en el crecimiento de las personas, el modelo de los equipos de mejora cuyo objetivo es la calidad del equipo, y el modelo innovación. Los equipos de fútbol se parecen mucho a grupos de innovación porque la base está en la creatividad y en la memoria transactiva, en la memoria colectiva del equipo de lo que saben hacer bien cada uno de los miembros. Es un concepto fundamental en los equipos de innovación para que la creatividad individual se transforme en innovación del grupo.

Palop. En nuestra trayectoria como futbolistas, los entrenadores hemos adquirido unos valores que, ahora como entrenadores, tenemos que inculcar a un equipo para conseguir objetivos comunes. Lo que yo miro en un equipo, primero, es su estructura, es decir, qué líder o líderes hay, roles, alianzas, exclusiones, lugar y espacio que ocupan los miembros, qué distancia emocional hay entre ellos. Hay que fijarse también en su comunicación: dirección -quien habla con quien, participación, miembros callados- y calidad y cantidad de interacciones -alta baja participación, iniciativas, evaluaciones, acuerdos, desacuerdos-.

Observo qué fundamentos hay en el equipo: qué grado de madurez y auto-conocimiento tienen los jugadores, es decir, cómo cada uno funciona dentro de un equipo y si están dispuestos a aprender. Miro las emociones que más aparecen, cuales son las resistencias y conflictos. Y trato de ser muy consciente, en la medida que puedo de ver las sombras del grupo.

Kodro. Para que un equipo funcione tenemos que tener en cuenta al jugador que trae un talento y un carácter y que está buscando un espacio donde lo puede desarrollar para buscar unos objetivos individuales; un espacio donde pueda sentirse cómodo y rendir bien. Por parte del entrenador creo que es importante la organización y estructurar bien el trabajo dentro del equipo para poder dar rienda suelta a ese talento. Tener un seguimiento junto con los jugadores porque en ese momento, cuando las cosas están claras y hay un rol bien definido, cuando saben lo grande y lo pequeño que es lo que tiene que hacer cada uno, aparece el equipo.

Ahora, si los componentes de un equipo no tienen la capacidad de reflexionar sobre sí mismos y sus acciones, el grupo tampoco la va a tener. Muchas veces los entrenadores tenemos la idea de que se puede trabajar a nivel "de equipo" sin haber desarrollado las competencias individuales de los componentes del mismo: el desarrollo de las personas del equipo es fundamental para mí.

Cantarero. ¿Cuál es el valor que tiene el equipo como tal para los entrenadores? ¿Qué es lo que no puede faltar a un equipo de trabajo en una organización? ¿Cuál es el objetivo del equipo? ¿Por qué y para qué estamos dentro del equipo?

Amorrortu. Todos recibimos una herencia, recogemos un legado, estoy hablado de un equipo dentro de una estructura organizativa. Llevar un proyecto común, un proyecto del que uno se sienta participe, que enriquezca a quienes trabajamos. Indudablemente tiene que haber una gran responsabilidad, saber para quién estamos haciendo las cosas y el horizonte en que estoy pensando. Quiero expresar que un equipo tiene que ser multidisciplinar para que todas las personas mejoren. Dentro de una academia hay que tratar de conseguir que no haya más que un solo equipo. Esa transmisión de conocimientos la va a recoger el jugador lo que al fin y al cabo es la finalidad de todo esto. No va a funcionar si las personas que están no mejoran. Hay que tener claro para qué y para quien trabajamos. Normalmente uno no decide estar en un equipo, uno se encuentra en él. Cuando hablamos de equipos hay que comprender el modo de pertenencia a éste. Si sé por qué estoy aquí, sabré gestionarlo.

Tiene que haber aprendizaje. Para ello hay que aprender a escuchar lo que está pasando, que no es solamente lo que siento. Ese movimiento del aprender implica ir más allá de las creencias. Significa poder cuestionar y cuestionarme. Es decir un signo de que el equipo funciona es que es capaz de generar algo.

La idea es entrar en contacto con lo que hay. Y a menudo no sabemos qué es lo que hay, ni en cuanto a la capacidad de las personas, ni en la satisfacción que tienen con el puesto y desempeño, ni con las dudas que tienen. Cuando entras en contacto con lo que hay la gente se asusta porque les sacas de su seguridad. Entrar en contacto con la realidad es inconfortable, porque te obliga a darte cuenta de tu posición, de lo que necesitas, de lo que no te gusta. Esto es entrar en contacto con lo que hay y un equipo solo se puede construir a partir de lo que hay.

Cantarero. ¿Cuál es un sentido de un equipo?

Ayestarán. Como ha dicho Amorrortu: el proyecto común. Estoy hablando siempre de equipos de innovación que tienen sentido siempre dentro de una organización que está en cambio donde hay una dirección que acepta el cambio. Una organización abierta al cambio con un proyecto único, donde todos se comprometen con ese proyecto. El equipo de fútbol tiene que pertenecer a un club que quiere desarrollar a las personas y también lograr objetivos de equipo y organización. Todos están para la organización y la organización no mejora si no mejoran las personas. Por eso, esa unión entre interés individual, interés

de grupo y colectivo de la organización es fácil de resolver si hay confianza en las organizaciones. La confianza tiene dos patas: método de trabajo y potencia (que viene del método de trabajo) y seguridad (que viene cuando las personas sienten que la organización se preocupa de su desarrollo personal). No hay problema si hay un sistema bueno de comunicación y desarrollo del talento individual, no hay problemas de unir ambos intereses.

Para ello, ayuda entender que hay dos perspectivas de equipo, el equipo "trans" y el equipo "intra". El primero tiene que ver con el "equipo para": transformar la cultura es la reflexión previa para construir equipo y luego se ve el para qué y cómo se hace ese viaje. Aquí el equipo no importa y lo que realmente importa es el para qué (que funcionéis muy bien, que ayudéis a cambiar al sistema y luego te las arreglas como quieras). El sentido de un equipo intra no solamente es para ese para qué, todos los objetivos son lícitos. El equipo tendrá una responsabilidad frente a los objetivos trans que son los que pide la organización y vamos a ver como eso se gestiona, pero luego tiene un gran compromiso intra con respecto de las relaciones internas, o en colaboración con otros equipos en el mismo plano, la interconexión con otros equipos.

Palop. Desarrollar un equipo es desarrollar un trabajo colectivo. En un partido de fútbol juegan once jugadores y nosotros tenemos que crear un proceso de entrenamiento semanal para que se produzca ese trabajo colectivo que queremos desarrollar. A ese proceso le damos unos valores que tenemos que inculcar a los jugadores como seña de identidad del club. Muchas veces nos toca recuperarlos y que el jugador crea en ellos. El entrenador es el que debe enseñar el camino para transmitirlos. Y esta es la manera de trabajar el sentido de equipo. Que ellos crean en esos valores de equipo que el entrenador les inculca: ser profesional. Todo es una unión en el cual le damos sentido.

Cantarero. ¿Qué implica esto de pertenecer a la cultura del club?

Kodro. La cultura del club influye directamente y es algo casi obligado. Si me viene un club a ficharme y tiene su filosofía clara, desde ahí ellos sabrán qué fútbol quieren desarrollar y así irán a buscar jugadores con un perfil que responda a ello. Cuando se nos ofrece trabajar en un club de estos hay mucho trabajo ganado. No es así en el caso contrario, ahí el entrenador tiene mucho más trabajo: construir un equipo y de ahí que el club empiece a ser desde ese equipo. Analizar el equipo, marcarse unos objetivos y tener varios jugadores líderes.

Me gusta ese proyecto compartido donde la gente se involucra más, donde se habla del estilo de juego y rol de jugador. Me vienen a la mente los actores. Un día hablaba con un director de cine y le decía, "¿cómo le puedes decir lo que tiene que hacer a Robert Redford? él es

buenísimo no hace falta decirle nada. Me dijo, "A ese tienes que decirle que tiene que hacer, pero que lo haga a su forma". Con el jugador es lo mismo, tiene que haber una identificación, en caso contrario no va a asumir el rol que le toca.

Cantarero. Estarías de acuerdo en que no todos los entrenadores valen para todos los equipos, ni para todos los clubes ¿El entrenador tiene que comprender la cultura del club? ¿Están hoy los clubes abiertos al cambio?

Ayestarán. Más o menos. Una organización está abierta al cambio cuando confía en las personas, deja crecer a las personas, pero a la vez dentro de un proyecto que se ha de poseer.

Amorrortu: Me pregunto, como personas que somos, ¿qué estamos dispuestos a ofrecer? Con esa premisa no hay ningún problema. Lo que hay que tener es un tronco vital ¿Para qué estamos en este mundo del fútbol? ¿Cómo planteamos nuestro trabajo en equipo, cómo llegamos al jugador? Hablaba antes de responsabilidad, hay pilares básicos: ceder espacios para el cambio, cuestionar sobre lo que hago, si quiero hacer las cosas de otra forma. La organización no está dada, la organización debe crearse, por eso remarco la importancia de la adaptación de la persona.

Cantarero. ¿Qué factores hacen tambalear el trabajo de equipo?

Amorrortu. No creo que los resultados sean los causantes del fracaso de los equipos de trabajo. Hay que contextualizarlos y creo que un trabajo en equipo no debe estar sustentado en los resultados, sino en que fluyan las relaciones, que haya un compromiso y eso al final redunda en unos buenos resultados. El fracaso de un equipo de trabajo está en la línea más de las relaciones personales en el equipo, cuando no fluyan, no hay transversalidad, hay diferencias de criterios insalvables, por un tema de generosidad, de comprender al otro. Estoy hablando de un equipo de personas que trabajan en un objetivo, centradas en la formación.

Cantarero. ¿Qué aconsejarías a los líderes - entrenadores cuando disminuye el interés?

Amorrortu. Yo desde mi experiencia aconsejaría trabajar en tres direcciones. La primera es dar sentido a los proyectos: es vital tener un propósito común. Que las personas se hagan preguntas como ¿Es consustancial al equipo construir una visión compartida? ¿Los individuos sacrifican sus intereses personales a la visión del equipo, o la visión compartida es una prolongación de sus visiones personales? ¿Debe tener el equipo una visión común de un futuro deseable, unos mínimos de comprensión común de que existe una realidad deseable a la que quieren llegar que no se corresponde con el escenario actual?

La segunda, que se generen espacios de desarrollo para las personas del equipo: ¿Es relevante que la persona crezca, se desarrolle? ¿Qué papel juega el equipo en esto? Es importante crear espacios que alimenten nuestra necesidad de desarrollarnos, aprender, reinventarnos. Para ello, hay que equilibrar el proceso de reflexión y acción dentro del equipo. Una vez construida la visión (sentido) ponemos foco en la acción. De nada sirve filosofar, tener todas las teorías y después no ponerlo en práctica. Hay que actuar. La acción lleva a una nueva reflexión y así poco a poco vamos instaurando la cultura de aprendizaje permanente.

Finalmente, comprender y gestionar el éxito: ¿Nos permitimos equivocarnos, fracasar?. Sabemos que es fundamental aprender de los "teóricos fracasos" para ir puliendo la visión y el proyecto. También sabemos que hoy por hoy no podemos fracasar muchas veces seguidas. Y más aún, aun obteniendo los resultados que nos proponemos, nada nos asegura que sean reconocidos externamente. El equipo debe definir su concepto de éxito. Por ejemplo: trabajar la propia integridad en comportamientos y acciones, haciéndolo lo mejor posible, con visión (sentido), planificación (coordinación), pasión (impulso vital) y equipo.

Palop. Que el entrenador tenga una idea clara de lo que quiere conseguir. Si tú tienes en mente el trabajo a largo plazo vas a ir preparando a la gente para que se desarrolle y de aquí a unos meses si ha habido desarrollo se conseguirán resultados y motivación.

Kodro. El diálogo, las charlas colectivas, el convencer al grupo... hacerles ver la necesidad de cambiar para superar esos momentos de conflictos. El conflicto se supera cuando tú has hecho un proceso durante la temporada introduciendo valores que estos nos sujeten en esos momentos de conflicto. El partido es importante y si no se gana disminuyen la moral, el reconocimiento y la motivación. Entonces hay que tener en cuenta el esfuerzo que hace el equipo.

Cantarero. ¿Las dificultades pueden hacer crecer a los equipos?

Kodro. Cuando nos piden hacer equipo lo primero que hay que hacer es curar heridas, sanar relaciones, crear el suelo necesario para luego construir equipo. En el fútbol es muy común oír hablar de crisis en los equipos o instituciones. Y, tampoco creo que las crisis hagan tambalear los equipos. Creo que son una oportunidad de crecimiento, otra cosa es la preparación y madurez que tengamos los que estamos inmersos en esa crisis.

El paso importante es cuando dejas la crisis atrás, porque ahí hay y ha habido mucha creación, reflexión, transformación. Sin embargo, cuando estás en crisis tienes que reparar, hay un trabajo terapéutico de curar heridas, pero eso todavía no construye equipo. Primero tienes que reparar, la intervención es crear un suelo de seguridad, firme para construir equi-

po o poder trabajar en equipo. Por otro lado, un equipo es una unión de jugadores y tarde o temprano va a ver conflictos. Es importantísimo marcar un camino. Es importante que el club tenga ciertos valores, normas y roles claros: "mira trabajamos de cierta forma". Cuando se gana o se pierde los jugadores inmaduros se vuelven locos, para que no ocurra es importante que haya un camino que hay que seguir. Importante con los jugadores que no juegan: hay que hablarles, explicarles, darles tareas, y decirles que tienes que trabajar y mejorar. Es importante la claridad en los mensajes.

FACTOR ENTRENAMIENTO

Capítulo 9

¿Cómo nos entrenamos los entrenadores?

Unai Melgosa, Iñaki González,
Joxean Álvarez, María Ruiz de Oña

El poder de un entrenador está en la capacidad de autoconocimiento, en la eficacia de sus interacciones y en la madurez de su toma de decisiones en entrenamientos y partidos.

Un entrenador se entrena siendo crítico consigo mismo, conociéndose mejor, cuestionando las cosas, desarrollando la habilidad de escucharse a s*í mismo y de escuchar a los demás.*

El viaje

Unai Melgosa. Kiev 7-11-16

> "Dos senderos se abrían en el bosque y yo...
> Yo tomé el menos transitado".
>
> Robert Frost.

Lo que a continuación relato no es nada más que un extracto de un viaje, un camino. Hacer zoom sobre hitos concretos detiene e inmortaliza el momento, ofrece un instante, un significado, pero también lo reduce para hacerlo controlable, estático, permanente. Por tanto, será difícil que pueda este texto explicar la complejidad de unos hechos que son dinámicos, y que están en continuo cambio superponiéndose unos a otros.

Nada de ese camino se ha convertido en permanente. Mi aprendizaje no lo es, puede que haya un cierto bagaje, pero siempre en movimien-

to. Echando una mirada hacia atrás observo, no sin cierta dificultad, algunas estaciones especialmente relevantes en ese mal denominado (al menos por mi parte) camino del aprendizaje.

La primera parada se haya en el conocimiento. Hablo de conocimiento, no en un sentido amplio, sino más bien reducido. Conocimiento sobre la técnica, sobre un método. En mi caso, el aprendizaje del cómo entrenar, de los ejercicios, su profundización.

Esta parada fue clave para mí. Había una especie de obsesión por ahondar en los ejercicios, diseccionarlos hasta las entrañas como si de un médico forense se tratase. Una forma más de control, que en ese instante de mi carrera (llevaba 12 años como técnico -o uno repetido 11 veces- y por primera vez lo hacía de manera profesional) era necesario y me sirvió poderosamente para ganar artificialmente en lo que yo pensaba era el saber. No obstante, no resto valor a ese "aprendizaje". Me otorgó algunas claves de enseñanza, me ofreció un sustento mínimo para desarrollar mi labor. El conocimiento de la técnica mínima es necesario para poder desarrollar algunas labores. Ese conocimiento mínimo requirió de muchas horas en casa, de buscar los nexos, las constantes, lo que se repite, de leer y releer (con algo de cuestionamiento) lo que otros habían desarrollado. Al tiempo, la posibilidad que el club me dio de poder estar con otros técnicos y de que otros técnicos estuviesen conmigo fue un elemento distintivo, pues el aprendizaje se iba desarrollando sobre el terreno y en el terreno. Ver y hablar, debatir sobre el juego y durante el juego con ellos, me permitió contextualizar aquello que estaba escrito. El conocimiento emana del campo y su reflexión, no de los libros, aunque estos puedan ser exquisitos en su redacción. Sin la mirada de los otros, es posible que no hubiera sido capaz de profundizar tanto. No obstante, esta experiencia, especialmente prolífica en mi primera etapa, tuvo un punto en el que se estancó, por diferentes motivos.

La segunda parada a la que quiero referirme es la de construcción de significados comunes. Al tiempo que el aspecto técnico de mi labor se iba afianzando (o al menos, eso creía yo), hubo un hecho especialmente relevante como era el de la construcción de significados. Aquí la reflexión sobre el para qué trabajo y todo su posterior desarrollo en cuanto a cómo, cuándo, dónde… tuvo un epicentro claro en el departamento de Psicología. Y el apoyo que desde la dirección se le dio (no puedo evitar nombrar a Txema Noriega). Y hablo de apoyo no sólo por fomentar cuestiones dirigidas, sino la libertad que se otorgó para su desarrollo. Esos significados, dentro de esa organización, permitieron que creciera dentro de mí un sentido estratégico de mis actuaciones y las de mis compañeros. Este elemento, para mí, es capital en cualquier organización. Quiero saber, necesito saber para qué y para quién

trabajo. Como dicen, la forma siempre sigue a la función. Horas de charlas más o menos reguladas con diferentes integrantes permitieron (al menos a mí) un sentido de pertenencia a una organización en la que crecíamos y con la que crecíamos. Supuso poder ceder y recibir generosamente sin generar fisuras personales, pues yo y el proyecto éramos uno, al menos así lo sentí durante un tiempo.

Al mismo tiempo que construimos esos significados comunes, aparecen los cuestionamientos. Más preguntas y cada vez menos respuestas, más dudas y menos certezas...sorprendentemente más confianza y menos seguridad. El cuestionamiento realizado en grupo sobre nuestra manera de actuar, nuestras coherencias, nuestras sombras como grupo, como entidad, es y fue un camino ineludible para el crecimiento. Ahora que lo miro con el paso del tiempo, creo que nos alejó de ciertos dogmatismos, pero pudo acercarnos a otros. Quizá faltaron voces o algunas no fueron escuchadas en su justa medida. Puede que no supiera/mos cuestionarme/nos.

La última estación de este pequeño relato era el ineludible: lo que no veo de mí. Sin duda, fue el paso más duro, el que más me comprometía y el que más sufrimiento me produjo. Cuestionar a otros o a nosotros mismos dentro de entidades mayores no deja de ser una manera distinta de evadirse de uno mismo y su responsabilidad. En realidad, en ninguna de las anteriores estaciones había nada de mí (o poco). No me tocaba en exceso, no me obligaba a mirarme en las esencias de mi composición, no tenía por qué mirar a las "causas de mi ignorancia". El grado y medida en el que uno quiere mirarse lo determina cada uno de manera individual. Lo que sí es cierto es que en la medida que uno se sumerge, ve cada vez con más claridad una mayor oscuridad. No pude realizar este viaje solo, la ayuda de los otros (nuevamente) para reflejarme, detener, continuar, fue capital, si bien es cierto que la soledad, el darte cuenta, el estar en contacto contigo no puede dejarse en manos ajenas. Si bien todos estamos orientados a un cierto grado de dependencia desde que nacemos, no es menos cierto que hay ciertos escenarios que han de ser vividos en soledad por la intimidad que requieren. Pasados los años veo que, como he dicho al principio, nada en mí es permanente y los aprendizajes se olvidan apareciendo nuevos. Lo que queda, la marca que haya dejado, es el rastro de un pasado. Espero poder seguir con su huella, pero sin su peso.

Un día del diario de un entrenador

Joxean Álvarez

Necesito parar y reflexionar sobre mí. El equipo no acaba de coger dinámicas, no veo una progresión en los jugadores, me pregunto qué tengo que ver yo en todo esto. Hace unos días tuvimos una conversación, me pediste que me observara y en eso estoy. Aquí te escribo algunas ideas sobre mí.

Mi "naturalidad". Respecto a este aspecto que comentamos, no termino de identificarlo. Sí es cierto que, por momentos, cuando no veo, no sé qué decir, mi dirección en el ejercicio es más forzada o al menos yo así lo siento. Yo en la dirección sí me veo suelto, aunque sí que es cierto que cuando no veo o siento que no tengo contenido, en algunos momentos me bloqueo y me quedo callado. Esto me pasó el otro día en la situación de la reconstrucción del ejercicio y en algún otro día que el ejercicio es muy desordenado.

Trato de participar en los *feedbacks* en la previa del entrenamiento. En esto no termino de ver el espacio para meterme, intento buscarlo, pero me es difícil. Escucho a los jugadores, pero mi atención está más en qué pregunta hacerles que de verdad en conectar con lo que el jugador está queriendo transmitir. O sea que me escucho más a mí que a ellos.

Veo en mí un exceso de información: por momentos lanzó muchos mensajes, una especie de disparo hacia todos, una necesidad mía de ir al detalle mínimo, sin priorizar lo urgente y lo importante, quiero que todo salga bien a todo momento. Esto no me da orden en las explicaciones. Esta semana voy a grabar una explicación, a ver qué tal la veo. La compartiré con algún otro compañero entrenador para que me dé *feedback* sobre lo que ve.

Preguntar y escuchar: aquí me está pasando que abro el diálogo y luego me cuesta continuar. Cuando me cuesta o me pierdo, dejo de escuchar y, a veces, cierro rápido, más desde la parte técnica del juego que de la humana. Sí observó también que mis preguntas son más conceptuales que vivenciales. A veces me cuesta identificar la pregunta que le rete, son preguntas más superficiales, así lo siento yo.

Directivo, explicativo, informativo, con preguntas: aquí también me veo muy explicativo y directivo, me da la sensación de que es una necesidad mía, no soy capaz de discriminar cuando el jugador y el contexto necesita una u otra cosa, no tengo mucha luz en esto. A veces quizás estoy algo agresivo, pero esto no lo tengo muy claro.

Mis emociones: me doy cuenta de mi rigidez corporal, pero la verdad no sé qué hacer con ella, puede que sea una de las causas de por qué me cuesta conectar con el jugador.

Ubicación en el ejercicio: cuando me alejo, me siento incómodo, siento que pierdo el control de la tarea y que dejo de ver. Necesito estar dentro de la tarea.

Autoridad: ha aparecido. Por momentos quizás se convierte en autoritarismo, no lo sé. El tema de cómo me ven los jugadores aquí es importante por mi posición. Durante el entrenamiento sí es cierto que ya no me aparecen con tanta asiduidad los ruidos respecto a no tengo ni idea, a lo que los jugadores piensan. Acepto de mayor grado el no saber, o al menos mejor que al principio, cuando pensaba que sabía más de lo que sé. En muchos momentos me cuestiono a mí mismo y me pregunto si seré capaz. Salgo pensando, ¡qué desastre! Sobre todo porque a veces siento que no estoy dando pasos, y ahi me entran las prisas.

El lenguaje: mi herramienta de construcción

Iñaki González

El lenguaje es un sistema de comunicación estructurado construido para la relación entre las personas. Tal y como detalla Rafael Echevarría en su libro *La ontología del lenguaje* (abril de 1994), es un fenómeno social, no biológico, donde los participantes de una interacción comparten el mismo sistema de signos en orden a coordinar sus acciones comunes. Al leer esta reseña, pienso en un sistema cerrado de signos donde las personas que componen la sociedad de una lengua aceptan como iguales los significados de todos los significantes.

Cuando converso con un interlocutor, opto por leer, escucho algo y si no entiendo alguna palabra, habitualmente tiendo a elegir entre dos vías para poder conocer el significado de la palabra en cuestión: recurrir al diccionario o preguntar a otra persona (ya sea al interlocutor o alguien más experto). La diferencia entre ambas opciones es el sentido de la persona que está detrás de cada una de ellas.

Con el diccionario aprenderé a entender el significado denotativo, el que la sociedad ha aceptado como significado de la definición "objetiva" (aunque no es posible que sea objetiva si hay una persona detrás, bajo mi punto de vista). Diría que este es el camino más cuantitativo. El camino científico. El camino que otorga seguridad. El camino racional.

Cuando decido preguntarle a otra persona por el significado de una palabra, es muy probable que me llegue un significado denotativo, que el diccionario no acogerá, y será personal o incluso de algún grupo en concreto. Será un significado íntimo, con una dosis de emoción, aceptado por uno mismo. Puede que no sea tan consistente a los ojos de la sociedad, pero será más cercano para mí. Más cálido. Y escucharé muy abierto, pues la otra persona está poniendo un trocito de su historia a la hora de transmitirme su idea. Es en este momento en el que entra la interpretación del individuo y su propio mundo. Y mi interpretación acerca de lo que ese individuo hace de su mundo. Diría que este es el camino más cualitativo. El camino humanístico. El camino de incertidumbre. El camino personal.

No pretendo generar una dicotomía de distancia insalvable con esta diferenciación. No es mi intención comparar el camino que recorre uno y que recorre el otro. Durante mi viaje de aprendizaje de significados han sido caminos que por momentos se han acercado, se han alejado, se han cruzado en mí. Sigo recurriendo a ambos. Estoy aprendiendo a buscar el momento, el lugar, el cómo recurrir a ambos caminos dependiendo de mi situación, de mi necesidad...

Mi capacidad de relatar mi vida determina mi identidad y en mi relato estos dos caminos del aprendizaje han sido claves para mi desarrollo como entrenador. He convivido muchas horas con alumnos, personas, como yo, con inquietud y gran interés por conocer aquello que no conozco. La incertidumbre y las ganas de saber más han sido mi brújula desde que tengo uso de razón. Una manera de alcanzar la felicidad. Habitualmente, cuando he sido parte de un grupo que persigue algún interés colectivo, he sido guiado por otra persona, sea docente, veterano/a, experimentado/a, una persona más experta que yo. La educación que he recibido siempre me ha llevado a respetar mucho a esa persona que se disfraza de profesor/a e intenta que los/las alumnos/as aprendan, memoricen, almuercen o cualquiera que sea el objetivo del mismo. Siempre he otorgado credibilidad a esa persona, por respeto a su posición superlativa respecto a una escala jerarquizada de las relaciones de aprendizaje. Ha sido típico durante este proceso que esa persona me ayude en una dirección eminentemente científica a la hora de generar conocimiento en mí. El camino de la certidumbre, donde yo me sentía cómodo con aquello que aprendía, pues era lo que había que hacer, lo que es verdadero. Como me decía un profesor: "El conocimiento científico es el único conocimiento verdadero". El grupo al que pertenecía avanzaba hacia el conocimiento verdadero, nos guiaban hacia el paraíso del conocimiento, donde el saber nos daría la redención a tantos años de lectura, de estudios y búsqueda. Me parece un correcto desarrollo del ser humano para la preparación del mismo hacia una sociedad homogénea, equilibrada, progresista en el aprendizaje técnico, diría incluso que para que la realidad sea estructurada objetivamente tal y como se plantea actualmente en la sociedad moderna.

Así transcurrieron varios años, cuando más tarde me di cuenta que el relato de mi vida lo estaba contando en tercera persona. Esa tercera persona que me daba distancia para poder autoconfirmarme que todo aquello que me sucedía era porque "yo soy así". Con lo cual, no era capaz de pensar qué sentía el protagonista, cómo se sentía cuando aparecía un antagonista, cómo afrontaba las acciones para cambiar mi realidad... Pero ¿cómo y dónde iba a buscar el conocimiento de mí? ¿Cómo iba a relatar mi vida en primera persona? ¿Cómo seguiría construyendo mi realidad en primera persona? ¿A quién le va a interesar lo que yo pueda contar si lo cuento en tercera persona? El "yo soy así" comenzaba a transformarse en "yo actúo así".

Los griegos decían que la vida es una obra de teatro y que nosotros somos los actores de esa obra. Con lo cual, esto me ayuda a pensar que yo soy actor de mi propia vida, donde yo decido qué papel actuar en cada momento del acto. Este cambio de enfoque es lo que cambió mi manera de enfocar el camino al conocimiento.

Comencé a relacionarme con personas que habían recorrido un camino diferente al camino racional, que era el camino al que yo me había abrazado durante mis años anteriores. Me encontré con personas que hablaban en primera persona del singular. Donde el significado de sus palabras contenía un sentido connotativo muy profundo. Una profundidad que arrojaba luz a aquellos vacíos que yo sentía que tenía, pero que desconocía que los tuviera por no tener guías que me llevaran a esas nuevas realidades.

Wittgenstein habla sobre la realidad y el lenguaje. Dice que el lenguaje es una figura de la realidad. Una relación entre lo real y el plano lingüístico. Y que este lenguaje será creado por proposiciones, teniendo en cuenta que un enunciado puede ser susceptible de verdad o de falsedad. Y que la vía empírica, la demostración, será un camino hacia la verdad.

Empecé a conectar con las ideas que estas personas proponían para mi desarrollo. Todo aquello que aparecía delante de mí tenía que pasar mi propio filtro de cómo sentía yo aquello nuevo que se planteara delante de mí. Esto al principio me generó rechazo, pues lo derivaba a la búsqueda cuantitativa o racional. No comprendía cómo quería que yo tuviera respuestas a nuevas formas de entender mi interacción con la realidad sin que recurriera al camino científico. Esta percepción unida a mis juicios, que me generaban menos incertidumbre y mayor seguridad, rompían con mi pasado. Yo pensaba que el camino recorrido en el pasado iba a ser un buen consejero para el futuro. Pero estas personas, que sentía que tenían un espacio interior muy amplio y con mucha luz

para poder conocer mis propias sombras, me animaban a desestructurar mi conocimiento racional, mi vivencia pasada, mi propia identidad para poder dejar espacio a cosas nuevas que podía adquirir mediante el abrir mi mente a una manera diferente de generar conocimiento. La vía empírica. El conocimiento a través de mí.

En este momento de ruptura, crisis y cambio viví muchas resistencias para poder creer en una nueva manera de comprender mi realidad. Pero la realidad cambiante me ayudó a darme cuenta que había estado ignorando al protagonista de mi relato. Mi fe hacia el aprendizaje había sido redirigido hacia mí. Comencé a tener mayor fe en las personas y en las demostraciones que en desarrollos técnicos. La biblia menciona: "La fe sigue a lo oído". Así que empecé a oír. A escuchar. Lo connotativo. Lo que hay detrás de las personas. A conectar. *"Mind with mind". "Heart with heart"*.

Agustín Fabra escribe que la fe nos lleva a actuar conforme a lo que creemos, cambiando nuestra forma de vivir. Mi forma de vivir cambió en mi lenguaje. Pronto empecé a comprender las palabras que durante gran parte de mi vida había aprendido y que las utilizaba desde lo técnico. Palabras como "formar", "aprender", "ganar", "competir", "confianza" pasaban a tener un significado diferente en mí. Un significado que empezaba a compartir con otras personas y que aceptaban esta manera diferente de comprenderlas. Donde las diferencias son sutiles, connotativas, pero que marcan la línea que dividen el pasado y el presente/futuro.

Palabras como "estructura", "orden", "zonas", "responsabilidad", "ventaja", "superioridad" comenzaban a tejer una red de conocimiento diferente en mí, que me elevaba a una comprensión superior de la realidad que yo comenzaba a vivir. Una realidad de incertidumbre, de dudas, desconocida, que pasaban mi filtro primero antes de poder comprenderlas.

Un proceso de comprensión que genera una distinta manera de relacionarme sobre todo con la realidad, pues todo parte de mí y vuelve hacia mí. Siendo yo el centro de mi propia realidad. Siendo yo el protagonista de mi relato. Mi vivencia y mi experiencia al servicio de mi construcción de mi realidad. De mi lenguaje.

Este cambio de paradigma de aprendizaje me ha ayudado a relacionarme de una manera distinta con los actores/actrices que aparecen en mi obra de teatro. Sigo en mi aprendizaje de escucha. En escucharme. Me relaciono de una manera diferente a lo que hacía tiempo atrás. Esta manera de relacionarme parte desde la relación horizontal entre personas. Tú estás bien. Yo estoy bien. Te escucho abierto. Me escucho abierto. Yo te ayudo a explorar tus puntos ciegos. Tú, implícitamente, me ayudas a descubrir los míos. Intento generar relaciones de sinergia

donde ambos nos podamos nutrir el uno del otro. Esta relación de sinceridad genera mucho desgaste en mí, pues la emoción que sale es más pura. Porque yo cuido de ti. Y tú cuidas de mí. Y en esta relación de cuidados hay caricias, tensiones, enfados, alegrías y la conexión es tal que se abren nuevos espacios de exploración para ambos. Una realidad nueva. Una realidad de incertidumbre. Una realidad desconocida. Como menciona Phil Jackson en su libro *Once anillos* (febrero de 2014), consiste en estar presente y en asumir la responsabilidad acerca de cómo te relacionas contigo mismo y con los otros.

Me he dado cuenta, ahora que yo soy el que se disfraza de docente y que me relaciono con personas disfrazadas de alumnos/as, de que el conocimiento técnico es algo necesario dominar para poder poner un marco común, una estructura a la cual aferrarnos, una estructura en constante cambio, móvil y evolutiva, la cual será el punto central del foco de aprendizaje. Pero el cómo me relaciono con ese conocimiento técnico en un espacio común y con unas personas que asumo que tienen interés, será la clave de mi intervención educativa.

Esto me ha permitido darme cuenta de que esa relación es dependiente del contexto que generemos las personas implicadas en el mismo. ¿Cómo entiendo que necesita ser ese contexto? Para mí tiene que ser un contexto íntimo. Donde pueda sentir al otro. Donde haya escucha. Haya reflexión. Haya sentido crítico. Donde haya misterio. Donde haya incertidumbre. Donde haya vulnerabilidad. Donde se permita sacar a la luz la emoción. Donde el error sea parte del camino a recorrer. Donde la participación de todos modificará y nutrirá la realidad. Y donde el respeto sea la base que sostenga todo lo anterior. Para poder generar este contexto, he observado que he tenido que poner muchas cosas en un lugar diferente: mi ego, mis deseos, mis necesidades, mis miedos, mis expectativas, mis juicios. No puedo eliminarlos ni evitarlos. Simplemente es ponerlos en un lugar que les corresponda para mi propio crecimiento personal. No son lugares estancos y no están inmóviles en mí. Se mueven. Los muevo. Pero reconociendo el lugar y el tiempo que obedece cada uno en cada momento. Y si se mueven y no puedo controlarlos, se abre una ventana nueva que mirar para mí y desarrollar otra manera de relacionarme con mi realidad.

Todo este último apartado de mi relato es un camino humanista, complejo. He tenido que hacer frente primero a mí y después a otras personas que no entendían mi camino. Que tampoco querían entenderlo. A veces me he preguntado: ¿Por qué no prueban un camino diferente? Pero puede que ese acto no sea parte de mi actuación y no necesite invertir mi tiempo en él. Aun así, les recomendaría una frase que pronunció Steve Jobs, cofundador de Apple, y con la cual me siento muy identificado: "Es más divertido ser pirata que alistarse en la marina".

Diálogo entre entrenadores sobre sus inicios en el fútbol de formación

María Ruiz de Oña. 23 de marzo del 2008

El inicio de cualquier proyecto, experiencia profesional, es clave para la salud y sostenibilidad del mismo. Los inicios son muy delicados. Muchas veces los proyectos que se dedican al desarrollo del talento están sujetos por ideas que han tenido un viaje muy cortito desde su nacimiento, es decir, no están lo suficientemente maduras, interiorizadas para que se mantengan coherentes cuando viene una situación adversa. Por ejemplo, decimos que creemos en la formación del jugador y para eso hay que aceptar, desde lo más profundo de uno, que formar implica tomar riesgos, quizás a corto plazo, para recoger frutos a largo plazo. Las ideas, creencias o paradigmas que sujetan los proyectos necesitan tener recorrido, porque para crecer necesitan tener unas buenas raíces, unas convicciones, autocuestionamiento y muchas conversaciones. Por ello no podemos olvidarlos, como dice el refrán, que "el árbol no puede olvidar que un día fue una semilla". Las líneas que siguen son la conversación que mantuvieron distintos entrenadores (Vicente Gómez, Unai Melgosa, Iban Fuentes y Edu Docampo) ante las preguntas que les iba haciendo. Agradezco su buena predisposición para conversar y el haber cedido sus discursos para este libro.

¿Qué ha ido cambiando en vosotros como entrenadores?

Mi punto de vista de la formación ha ido cambiando. Por ejemplo, pienso en qué centrarme o qué priorizar: en el equipo o en el jugador. Igual empecé con una idea de formar equipos y ahora creo que es más importante centrarse en el desarrollo del jugador. Antes pensaba que haciendo un buen equipo iba a tener buenos jugadores y ahora creo que a través del equipo se desarrolla al jugador. Muchas veces los entrenadores, pensando en el resultado, tomamos decisiones que fortalecen al equipo y debilitan el proceso de desarrollo del jugador. Por ejemplo, he ido aprendiendo lo importante que es para eso que el jugador juegue en el puesto que le haga crecer, que le exponga al jugador a tomar decisiones, que le rete a afrontar las dificultades que ese puesto le propone. Claro que en ocasiones el equipo puede quedar limitado en un principio, pero cuando el jugador va creciendo y dominando ese puesto, el equipo también lo hace.

¿Qué es para ti ganar o tener éxito?

Cuando veo que los jugadores progresan, ahí veo el éxito del proceso. Sobre todo porque soy capaz de que el jugador sienta que tiene que estar pendiente de muchas cosas: de tomar decisiones, de analizar su rendimiento y entre todos ver qué se puede mejorar. Yo llevo cinco años, en diferentes categorías. Mi llegada aquí supuso un cambio en la mentalidad de entender el fútbol de formación. Yo era un entrenador muy de marcador, de equipo, y me centraba sobre todo en cómo se desarrollaba el equipo, del juego rival. Sé transformar, que mi foco atencional pasa de poner la mirada sólo en el jugador a ponerla en mí mismo, es decir, analizarme yo, contralarme yo, ver qué necesitaba mejorar como entrenador y ser una especie de generador de contextos para que los jugadores empiecen a madurar. A veces se dice que las academias de fútbol son una fábrica de hacer jugadores. Yo no creo que hagamos jugadores, creo que nuestra labor tiene más que ver con ayudar al jugador a madurar en su proceso de desarrollo.

Para mí el partido y el entrenamiento es un todo. No podría diferencias, en ambos se dan situaciones de juego y lo que tenemos que tratar es de resolver situaciones de juego. En ambos podemos ganar y perder.

Cuando hablo de resolver situaciones de juego hay que tener en cuenta que las resuelve el jugador; yo como entrenador trato de ayudarle, pero no una ayuda directiva, de decirle lo que tiene que hacer, creo que es más importante establecer preguntas que dar respuestas e incluso para el propio jugador, que se cuestione las cosas, el porqué de las cosas, el para qué de las cosas.

¿Qué es diferente en ti como entrenador?

La diferencia fundamental es que antes era más protagonista de lo que soy ahora. Creo que era mucho más directivo, ahora pienso que el papel fundamental lo tiene el jugador, que nosotros los entrenadores somos creadores de contextos, que mi mejora como entrenador, mi ganancia está en la mejora del jugador y que la ganancia del jugador no está en el resultado-marcador.

¿Qué exige más como entrenador?

Ahora es todo más exigente, no todo vale, cuestionar lo que hago y cómo lo hago. Antes era más sencillo: sota, caballo y rey. Y la diferencia está en que ahora me miro a mí como fuente de cambio y mejora del jugador, y eso conlleva mucha autocrítica, inconformismo y autosuperación.

Me gustaría decir cuánto exige más a las personas que compartimos esta filosofía de trabajo. No se exige en preparar los entrenamientos, sino en crear contextos donde se dé un verdadero aprendizaje. Es decir, que el jugador vaya interiorizando. Es más exigente en cuanto a cuidar nuestra formación y desarrollo a través de trabajarse uno mismo, de pedir *feedback* a otros compañeros entrenadores, en tener conciencia de que estoy aprendiendo continuamente. Quizá a los entrenadores que tienen una filosofía de trabajo más centrada en el resultado les exigen más el marcador, qué me dice el que me manda, qué me dice los padres, los otros entrenadores y al final eso es lo que les exigen en la inmediatez. La exigencia tiene que ver más con ganar los partidos, les condiciona.

En relación al tema de la formación, mi visión es más a largo plazo, no tan cortoplacista, es decir, el marcador no condiciona mi manera de planificar ni de afrontar la semana, ni me lleva a preparar el entrenamiento según el rival y miramos por lo que el jugador necesita a futuro. Además, trabajar desde una perspectiva de desarrollar jugadores te hace ser más coherente. Cuando el resultado era lo único importante, cambias los mensajes a los jugadores, eres incoherente. Una pregunta que otros entrenadores más veteranos me hacían era: ¿Qué mensaje quieres dar? Y si haces esto, ¿qué mensaje les estás dando? ¿Es ese mensaje el que necesitan los jugadores? Cuando el marcador es lo primero, o nos influye, los mensajes empiezan a estar al son del marcador: si ganamos damos unos mensajes y si perdemos, otros. Y así es muy difícil que se consolide cualquier aprendizaje.

Para mí este cambio en la mentalidad a la hora de entrenar supone una renuncia a las ideas que tú tienes de antemano. Es más importante la ganancia del jugador que la mía. La formación trata de intentar que el jugador sea capaz de aprender por sí mismo y de intentar superar las situaciones que se le van dando, no sólo las externas, sino las propias de él, sus carencias y virtudes, y para eso hay que generar un contexto para que esto ocurra, un contexto en el que el jugador pueda aprender y aprenda a aprender.

¿Qué implicación tiene esto en tu función como entrenador?

Toda. En cuanto a la manera que yo manejo las situaciones que se dan en el vestuario, de entrenamientos, de partido, mi manera de transmitir lo que quiero, cuando hablamos de qué hay que preguntarles para que ellos adquieran esa responsabilidad, esa autonomía, en cuanto a saber reflexionar, comprender lo que hacen, por qué y para qué, si no van a sentirse como amarrados, van a necesitar siempre de alguien que

les diga algo para... Al final te conviertes en lo que te dicen, con el tiempo siento que viví como jugador, haz esto y lo hago, y lo que haces bien síguelo haciendo para que lo que hagas mal no falles y así no lo haces. Y al final te conviertes en un jugador con muchas limitaciones.

¿Cuándo sentís que habéis tenido éxito?

Al final, si de lo que hablamos es de optimizar los recursos del jugador, ese es mi baremo. Si van mejorando en lo que tienen y en lo que les falta, ese es mi éxito, eso es ser competitivo como entrenador. Siguiendo este camino sé que conseguiré otros resultados que tienen que ver con el marcador o clasificación.

Uno tiene unas virtudes que las hace bien, pero para mí el éxito es ser mejor en lo que hago. Si al final haces lo de siempre y van ganando partidos, no hay progresión, y sí puedes ganar la liga un año, pero sin progresión no eres sostenible para afrontar la siguiente competición. El resultado es la mejora del jugador, para mí está clarísimo, que mejore el jugador. El éxito: cuando empiezan a ver cosas por ellos mismo o que relacionan tareas con cosas que pasan en la competición. Todos estos avances han ido pasando este año, porque yo creo que al estar yo más preparado les he podido ayudar más, más centrado en cosas que son importantes, ante las pensaba y no lo veía tan claro.

¿Qué ha sido lo más difícil en vuestro proceso?

Al final, todos hemos vivido el fútbol y venimos de oír que ganar es meter un gol más que el contrario, competir es ver si no te hacen gol y puedes tú hacer algo que es ser mejor que el contrario. Cuando empiezas a entrenar, eso es lo que tú intentas hacer, porque es lo que han hecho contigo. Pero el día a día te va diciendo que los jugadores no hacen esto o no progresan. Yo como entrenador tendré que ver algo, sólo con ganarle al rival no vale, vas viendo que hay cosas que se van quedando en el camino y te dices: "Aquí hay que empezar a hacer cosas nuevas o por lo menos que vayan más allá que lo que yo tengo como entrenador". Inevitablemente eso me hace salir de mi zona de confort y buscar nuevos y desconocidos caminos.

Para mí fue un proceso. Yo tuve la suerte de que el entrenador del Bilbao Athletic, por aquel entonces Félix Sarriugarte, era la persona que me ayudaba a mí con el cadete que yo entrenaba. Eso me ayudó a ver otra manera de hacer y entender, observaba y escuchaba cuál era su visión, cómo reflexionaba, qué información para él era importante a la hora de tomar decisiones con los jugadores. Eso me hacía de espejo y me ayudó a darme cuenta de mis carencias e incongruencias, mensajes y formas de actuar. El cambio mío más importante tuvo que ver

con ser congruente, es decir, tener un porqué y un para qué, que es también lo que les pido a los jugadores.

Mi ganancia está en la manera de entender el fútbol. Ahora es distinta, mucho más acorde a las necesidades del jugador. Por otro lado, cuando hablamos de la mejora del jugador, hay que hacerles ver que el cortoplacismo en ocasiones está reñido con tu mejora, porque nos lleva a acomodarnos por obtener algo tangible, como meter un gol, y creo que ya he mejorado, cuando muchas veces no es así.

Para mí lo importante de este cambio ha sido abrirme a tener una actitud de mejorar, darme cuenta de que empezar a trabajar en un club de alto rendimiento supone que el foco está en la formación, con lo que yo sé no es suficiente y tengo que mejorar. Para ello me tengo que apoyar en entrenadores con más experiencia, tengo que superar la dificultad de pedir *feedback*. Para mí lo más difícil fue cambiar mi forma de transmitir al jugador, tanto en el contenido del mensaje como en su forma. Llegar al jugador y construir algo que le dé valor para mí ha sido un reto.

Darte cuenta de que cuando vas ganando, puedes estar perdiendo, o al revés, cuando parece que no estás obteniendo nada y las cosas van lentas, uno tiene que tener esa paciencia para saber que está en el camino apropiado. Yo he cambiado a la hora de prepararme, cómo me preparo yo para afrontar el entrenamiento o la competición, es decir, entre otras cosas, qué necesito mejorar y que necesitan mejorar los jugadores. Y para eso, al inicio de temporada, trabajamos con objetivos, pero el objetivo como un medio para focalizar al jugador en aquello que le hace crecer. Les pregunto qué quieren aprender y dialogamos sobre qué tipo de acciones, habilidades tanto de fútbol como personales, les cuesta más. Les dejo un tiempo, un mes más o menos, y durante este tiempo nos vamos conociendo. Yo estoy atento a cada jugador para saber qué necesita, como persona, y voy a hablando con ellos para marcar qué quieren mejorar.

Yo también tengo mis objetivos. Durante este mes me apoyo en compañeros que me ven entrenar y les pido *feedback* de cómo me expreso, me comunico con el jugador, en qué me tengo que fijar, qué información doy durante el entrenamiento, mis correcciones (si son las adecuadas y cómo las hago). Con los objetivos buscamos hacer consciente al jugador sobre sus necesidades y esa fase es primordial, es decir, ampliar la toma de conciencia de sus necesidades y de las mías como entrenador. Y lo hacemos como primer paso para generar un contexto de aprendizaje, un contexto donde no necesitemos ya escribir los objetivos y ponerlos en la pared, porque el jugador ha interiorizado esa manera de pensar, de prepararse para afrontar el entrenamiento, por ejemplo.

Buscar que el jugador esté pensando y fijándose en las cosas que van ocurriendo en el juego, para que ese abanico de foco se aumente a todas las posibilidades posibles. Y nosotros los entrenadores también: preguntarte cosas, constantemente y cuestionarte.

Cuando habláis de que piense el jugador, ¿a qué os referís? Primero, que el jugador no sea un robot, que no sea un muñeco de repetición de las respuestas que te da el entrenador. Lo que necesita una persona para evolucionar es ser cada día más autónomo para responder a las necesidades de la competición que se plantean. Lo que buscamos es que ellos sean capaces de responder a las situaciones. Que tenga la capacidad de analizar lo que está ocurriendo para poder responder a la competición

En el fútbol es imposible que el entrenador dé solución a todas las opciones porque pueden ser infinitas. Nosotros podemos darles o ayudarles a que se fijen y tengan referencias para que sean capaces de tomar buenas decisiones. Ayudarles a focalizar la atención, porque cuando estás jugando ocurren infinidad de cosas, pero para dar una buena respuesta tienes que fijarte no en todo, pero sí en la información más relevante para tomar esa decisión. Y si somos capaces de lograr eso, ya estamos haciendo que el jugador piense.

La pregunta es uno de los mecanismos habituales de nuestro trabajo. Al preguntar le estás haciendo participe al jugador de su mundo. Además, el entrenador pierde ese protagonismo de saber todo o de dar todas las respuestas. Este es un modelo de comunicación que aplicamos en nuestro día sin distinción de si estamos entrenando o jugando un partido.

Mi forma de ver este trabajo es un modo de desarrollar talento que es válido para todas las categorías. Cuanto más tarde empiezas, más cuesta, tienen otros hábitos, el jugador se acomoda y quiere lo más fácil, es decir, que le des la respuesta. Además, yo creo que el jugador te lo agradece con el paso del tiempo. Pero todos sienten la necesidad de ser activos en su proceso de aprendizaje, y para ello el entrenador tiene que ceder su protagonismo. Al final, es un sentimiento, y cuando estoy dirigiendo un partido o entrenamiento y veo que los chicos están poniendo en práctica sus recursos, lo están haciendo bien, están dando respuestas comprendiendo el juego, yo me siento muy protagonista aunque no esté diciendo ni haciendo nada. De hecho, se trata de que desaparezcan las preguntas, porque al final el jugador aprende a preguntarse o buscar la información que le va a ayudar a tomar decisiones y esto es un marcador de éxito para nosotros.

Bibliografía

Rafael Echevarría, en su libro *La ontología del lenguaje.*

Agustín Eusebio Fabre nació en Cádiz el 15 de diciembre de 1743 y falleció en Buenos Aires el 29 de agosto de 1820.[

Robert Lee Frost (San Francisco, 26 de marzo de 1874-Boston, 29 de enero de 1963) fue un poeta estadounidense, considerado uno de los fundadores de la poesía moderna en su país por expresar, con sencillez filosófica y profundidad sentimental, la vida y emociones del hombre rural de Nueva Inglaterra.

Phil Jackson, en su libro *Once anillos.*

Steven Paul Jobs (San Francisco, California, 24 de febrero de 1955-Palo Alto, California, 5 de octubre de 2011), más conocido como Steve Jobs, fue un empresario y magnate de los negocios del sector informático y de la industria del entretenimiento estadounidense. Fue cofundador y presidente ejecutivo de Apple Inc. y máximo accionista individual de The Walt Disney Company.

FACTOR ENTRENAMIENTO

Capítulo 10

Construcción de una cultura de aprendizaje en un club de fútbol

Ruben Jongkind, Eduardo Rubio,
José Manuel Sevillano, Joan Vilá, Sergio Navarro

¿Qué tipo de liderazgo os está pidiendo vuestro rol y qué dificultades estáis teniendo en ejercerlo? ¿Formación y/o resultados? ¿Hacia dónde va el fútbol profesional y formación? ¿Cómo influye eso en los clubes y sobre todo en la figura y rol del director de academia? ¿Qué tipo de liderazgo os está pidiendo vuestro rol y qué dificultades estáis teniendo en ejercerlo?

Eduardo Rubio: ¿Hacia dónde va el fútbol profesional y el fútbol de formación? ¿Cómo eso influye en vuestros clubs y vuestro rol como directores?

Ruben Jongkind: Pienso que las cosas van a cambiar según dos tipos de factores: macro factores y micro factores (el ambiente social está cambiando mucho, las sociedades son menos patriarcales, hay menos respeto a la autoridad, la tecnología está cambiando rápidamente). La manera en que los niños aprenden es diferente a como aprendían en el pasado, además, demográficamente se están sucediendo cambios: hay menos fertilidad, los índices hablan de menos niños en el futuro. Por otro lado, en los factores micro o más personales, los salarios de los entrenadores son menores a los que pueden ganar en equipos de Primera División. Esto puede ser un estímulo que encomienda un riesgo a la hora de trabajar y entender el fútbol de formación. Porque, a veces, cuando se está trabajando en la formación y por motivos que yo no juzgo quieres ganar un poco más, uno puede tomar decisiones distintas e incoherentes para promocionarte. Aunque en general, pienso que va haber más atención hacia el desarrollo individual, va a ver una visión del individuo como persona, como sistema, abierto, no como un medio en un equipo y sí un fin.

Rubio: ¿Cómo influye esto en tu rol como formador?

Jongkind: Si hablábamos de liderazgo, yo pienso que hay dos formas de liderar: transaccional y transformacional. La primera es un estilo de liderazgo que valía antes, hoy en día se tiende a liderar de modo que se genere crecimiento en las personas y transformación en las organizaciones. Cuando lideras un club de fútbol en el área de formación, es mucho más complejo y tienes no sólo que saber cosas del juego y de cómo instruir o estimular a los chicos, sino también cómo tienes que comunicar con los padres, con los entrenadores, con otros especialistas y con los jugadores. Tú tienes que tener una mente abierta para poder ser más empático, para entender el desarrollo y la complejidad de la formación y desarrollo del jugador.

José Manuel Sevillano: Comentando las diferencias entre el fútbol profesional y el fútbol de formación, yo partiría desde dónde ponemos el foco. Para nosotros, el fútbol de formación tiene que ver cómo el jugador saca provecho del entrenamiento y la competición como un medio para desarrollarse. El fútbol profesional pone el foco directamente en el resultado. Nosotros entendemos que la formación es un proceso a medio/largo plazo, que va en contra de lo que se marca ahora a nivel macro estructural o en el fútbol profesional, es decir, resultados inmediatos, resultados que queremos ya. En nuestra experiencia en el Athletic, lo que estamos intentando hacer es poner en valor el jugador, es decir, el desarrollo es del jugador.

Rubio: ¿Cómo afecta esto a tu rol?

Sevillano: Efectivamente lo primero que tenemos que generar es un lenguaje común, un planteamiento común para todos los que estamos en la organización. Para los jugadores, para los entrenadores, para todas las personas que trabajamos, buscando que el foco no sea aquello que no podemos controlar, algo externo, sino que sea algo que podemos controlar, el desarrollo del talento. A partir de ahí establecemos diferentes estrategias que también son un sistema abierto. Todos los que pertenecemos a ese sistema somos más que los que estamos aquí.

Joan Vilá: Creo que tenemos una responsabilidad y un compromiso de ajustarnos a las necesidades del club y de la sociedad en general. Por lo tanto, como formadores responsables de esta red de formación creemos que no podemos eludir estas dos. Los objetivos de esta etapa de formación es trabajarlos como jugadores y como personas, hablar con ellos, conseguir que sean hombres de provecho en el día de mañana. Es nuestra labor trazar estos conceptos hacia el equipo. Hablábamos que analizar el fútbol base desde el punto de vista individual y colectivo es perfectamente compatible. Creemos que el futbolista nace individualista y se hace compañero para que le den el balón.

Ver sus habilidades, sus fortalezas, todo esto conjuntamente con el jugador y cuantas más personas podamos colaborar de todo ello, mejor, para que el jugador sepa que nos interesa, que el profesor, el tutor, el maestro, nunca sabe hasta dónde llega su influencia, pero lo que él pretende es lo importante.

Sergio Navarro: Yo añadiría la responsabilidad que nosotros tenemos en ese proceso y la coherencia. Es más sencillo decir que hacer. Yo voy a un club que ya tiene 12-13 años con una idea, donde todas estas cosas yo las he escuchado en mis entrenadores, en mis directores: que el jugador es importante, que hay que acompañarles, que queremos jugadores, pero luego empiezas a hablar con compañeros, a escuchar y te das cuenta de que no van por ese camino, van por el camino del ser reconocido, amado y con una visión hacia el fútbol profesional. En dos palabras identifico mi rol con paciencia y negociación: transformación y paciencia. Ya ha aparecido varias veces la palabra paciencia, porque una cosa es decir algo y otra es vivir algo. Eso pasa con las estructuras que llevan 15 años y tú quieres cambiarlas. Es una cosa difícil y lleva muchas resistencias, por lo tanto, paso a paso, hay que sacar resultados pero evolucionando. Tú ya tienes en tu mente donde tiene que ir la formación, pero si los entrenadores no están conscientes adonde tú quieres, entonces, tú tienes un problema.

Vilá: Compromiso con nosotros mismos, con nuestro entorno y la sociedad, responsabilidad para con estos chicos y chicas jóvenes que están en nuestras manos, tenemos la suerte de que los pongan en nuestras manos. Añadiría la palabra ilusión para ser cada día un poco mejor, valor al desarrollo del fútbol, al igual que otras cosas. Somos entrenadores iguales, el mundo del fútbol será lo que nosotros queremos que sea. Yo añado tres expresiones: acompañar a los entrenadores, en mi rol, es una de las funciones que tengo; generar interacciones entre ellos, y como tercer punto, generar espacios cuestionadores con los propios entrenadores.

Rubio: ¿Cómo trabajamos con los entrenadores?

Sevillano: Nosotros consideramos que somos una organización que aprende. ¿Cómo podemos bajar esto a la Tierra? Por ejemplo, no les damos respuestas a los entrenadores. Al igual que nosotros estamos generando un espacio que queremos que los entrenadores no den respuestas a los jugadores para que ellos sean los que tomen sus propias decisiones, nosotros tenemos que generar un espacio igual para que los entrenadores aprendan. También tenemos que hablar de innovación, de creatividad, no lo digo como un slogan, como una norma, sino como una necesidad, adaptándose a la situación real. Habría que tener en cuenta que una persona es dinámica, no podemos considerarla

como un *software* que vamos llenando de técnica, preparación física, responsabilidad, sino que tenemos que verlo como un espacio en el que las interacciones se den, que nosotros los coordinadores podamos generar un lugar para que el jugador pueda practicar. Es decir, una actividad propia para desarrollarse y eso mismo tenemos que generar con los entrenadores. Si estamos pensando en jugadores conscientes, también tenemos que pensar en entrenadores conscientes, entendiendo como conscientes que sepan lo que les está pasando, que puedan gestionar la emoción del momento, que puedan en un momento determinado saber que no saben y poder ayudarles para que vayan más allá, salir de esa zona de confort, queremos formar a los jugadores. Si ganamos el sábado, mucho mejor. Vamos a ser coherentes desde el primer momento.

Navarro: Hay que generar confianza y espacios para conseguirla. Ellos no me conocen y yo no les conozco, entonces pueden pensar que les voy a vender una cosa y luego cuando pierdan, voy a ponerme en su puesto. El primer día nos reunimos en grupos pequeños y yo les pregunté que era el fútbol para ellos y durante tres horas ellos iban dando su visión sobre el fútbol y generamos un debate. El objetivo de esta reunión era que habláramos de fútbol y que no me vieran como un jefe, generar confianza. Después les pregunte: ¿Qué tipo de jugador buscáis? Comentaron que querían un jugador rápido, que entienda el juego, que tome sus propias decisiones, que sea autónomo, responsable. Entonces les pregunté: "¿Qué vas a hacer tú para conseguir ese tipo de jugador?". A partir de ahí, llegan las excusas de los entrenadores ("Es que nos piden resultados"). Empezamos a trazar un plan para conseguir ese tipo de jugador y a partir de ahí empezamos a generar estrategias e íbamos analizando si nuestras conductas eran coherentes con el tipo de jugador que queríamos conseguir. Que sean partícipes.

Vilá. En primer lugar, lo más importante es tener una idea, sobre la cual construiremos. Esta idea debe ser con una gran humildad y esfuerzo conjunto, una firmeza en esta idea y efectividad para llevarla a cabo. En segundo lugar, sin la ayuda de quien manda difícilmente las cosas tienen continuidad. Necesitamos rodearnos de personas afines, que crean en esta idea y sean fieles. Es lo mismo que con los jugadores, debe haber un concepto claro de exigencia y profesionalidad en todo esto. Para ello, la primera pregunta es cuáles son los objetivos del entrenador. Debe haber un objetivo común que esté relacionada con esta idea, pero también habrá objetivos individuales a corto, medio y largo plazo y es importante unir estos objetivos al objetivo común. Cuando al jugador le hablas del equipo solamente, como tiene su interior un aspecto individual, está claro que posiblemente no acabe de aunar este esfuerzo para conseguir este objetivo común. Es importante hablarles de su individuo, es importante el objetivo del entrenador respecto a

su futuro para en base a esta idea tengamos también esto en cuenta, plantear un reto y un compromiso para que podamos caminar juntos.

Por eso a veces es difícil dar continuidad a una idea o un proyecto porque no eres quien manda, el autónomo decide por sí mismo, el que tiene superiores es importante que si existe una idea. La segunda dificultad es que tus superiores tengan fe en esta idea y la puedan dar continuidad, teniendo paciencia y sabiendo que se consigue paso a paso, no de la noche al día.

Jongkind: Como entrenador-técnico tienes que ser consciente de que no eres responsable por un equipo de jugadores y sí de 18 jugadores, a su vez, trabajas con un equipo que es responsable de cada jugador. La estructura donde vas a trabajar influye mucho en el comportamiento del entrenador, porque estamos acostumbrados y porque siempre ha sido así. Por eso, es nuestra labor construir estructuras que puedan sujetar bien nuestros fundamentos.

Para mí, en las diferentes edades, un entrenador es responsable de un grupo de jugadores individuales y lo organizamos en función de los equipos. Nunca he visto debutar equipos sino jugadores. Además, el entrenador tiene que tener conocimiento no sólo del juego, sino de otros aspectos que influyen en el desarrollo, porque tiene que cooperar con otros entrenadores, jugadores, especialistas.

Rubio: ¿Cómo entendemos los programas de formación en nuestras academias? ¿Qué ambiente generamos para que los entrenadores desarrollen las competencias que consideráis importantes?

Vilá: Para nosotros la prioridad en el fútbol formativo es el jugador por encima del equipo. El jugador va a necesitar de todas las áreas, la intervención de todas las estructuras: la creatividad, la expresividad, las emociones, todos estos conceptos que son tan fundamentales en la persona humana es importante trabajarla con los jugadores. Cada jugador es importante por ello, es importante tener una ficha del jugador que nos aporte una visión de sus fortalezas y de sus áreas de mejoras.

¿El talento nace o se hace? Nace y se hace, cada persona tiene su talento, es cuestión del entrenador trabajar estos talentos y optimizar las habilidades para que entiendan el concepto de equipo. A través del jugador mejora el equipo, si el jugador mejora una habilidad, el equipo mejora. Además, estamos trabajando la confianza, la responsabilidad, el compromiso.

Sevillano: Una de nuestras funciones es ayudarles a los entrenadores a ver lo que no están viendo, es lo mismo que los entrenadores desarrollan con los jugadores. Lo primero, la parte fundamental, es el cambio. Los entrenadores llegan a la organización, nosotros tenemos

una idea, el desarrollo del jugador y tenemos que conseguir que ese entrenador que viene con su bagaje y con su experiencia sea capaz de dejarlo atrás y que asuma que ahora el foco principal es el jugador. Eso muchas veces provoca resistencias, hay gente que ya viene con una idea distinta, y a partir de ahí generamos un lenguaje común para que todos vayamos en la misma dirección. Lo orientamos en dos direcciones: en reuniones grupales, en las que se expone a todo el mundo diferentes puntos, y en segundo término, establecemos reuniones individuales en las que vamos trabajando con ellos sobre sus propias inquietudes y trabajando en cuestiones que no ven o en debilidades. Este es un aspecto a veces un tanto difícil para la figura del entrenador. El entrenador tiene que ceder espacio, protagonismo, retos personales, y no todos los entrenadores quieren ceder. Necesitamos trabajar en equipo, nuestro enfoque es que todos los miembros de la organización estamos para ayudarnos, para poder aprender con el otro y esto no es fácil encajarlo cuando otros compañeros desde una crítica dialéctica, es decir, reflexiva y cuestionadora, te están diciendo y te dan *feedback* de lo que has hecho, de lo que no has hecho, de lo que has dicho o de lo que no has dicho.

Nosotros el aprendizaje lo llevamos a las experiencias vividas, lo llevamos al día a día, no lo llevamos a las ideas. Fundamentalmente la organización tiene que apoyarse en los entrenadores que llevan más tiempo y tenemos entrenadores generosos que ceden su tiempo para trabajar con otros compañeros. Indudablemente estos compañeros ayudan a otros entrenadores en su desarrollo, pero hay una parte en la que nosotros queremos dejar que el entrenador experimente, que viva y luego de esa experiencia saque aprendizajes, y ahí es donde intervenimos.

Navarro: Las cosas hay que verlas, sentirlas, vivirlas y son pequeños detalles los que van marcando ese espacio. Nosotros tenemos que crear espacios educativos en los que el entrenador comente la intervención, se desnude, profundice, cree esas sinergias, con otros entrenadores y aprendamos entre todos. Lo que sí intentamos es que sepan que estamos de igual a igual, que todos estamos aprendiendo. Cuando les quitamos la jerarquía a los entrenadores, se sienten incómodos, fuera de su zona de confort.

Rubio: ¿Cuál es el papel de las academias? ¿Cuáles son los aspectos clave en el desarrollo del jugador?

Jongkind: Necesitas una idea, no sólo de juego, sino también del club. Si tú dices: "Nosotros queremos ser un club de formación". Si tú dices eso, tienes que tener un objetivo, que se puede cuantificar.

¿Cuántos jugadores quieres en el primer equipo? ¿El 50 por ciento? Hay que trabajar, y si no funciona podremos analizar por qué no.

Vilá: Vísteme despacio que tengo prisa. Creo que es importante diferenciar los objetivos del fútbol formativo y el fútbol competitivo. En el fútbol base la perspectiva de análisis es individual, es una mejora del jugador y la persona, por lo tanto, hay que incidir en todos los aspectos, priorizar el trabajo en las primeras edades, incidiendo en la relación con el balón, aspectos coordinativos y técnicos, para que esté a gusto con el balón. Queremos tener el balón para jugar y divertirnos con él. No hablamos de la competición, la propia competición va implícita en el jugador, todos queremos ganar, queremos ganar después de disfrutar, de aprender, de querer ser mejores para ganar, pero hay que priorizar estas etapas. En la segunda etapa, 12-17-18 años, se enseñan todos los conceptos colectivos del juego, aquello que le va a permitir competir, competir de verdad, en el que el resultado será lo más importante. En toda la etapa de formación el aspecto lúdico, de formación y aprendizaje es lo prioritario para nosotros.

Sevillano: En la realidad que nosotros tenemos, nosotros manejamos 212 jugadores de los cuales el 85% son de Bizkaia, con lo cual el primer punto que tenemos que analizar es nuestra responsabilidad social. De los 212 jugadores, como antes hemos dicho, pocos van a llegar al fútbol profesional: uno, dos, ojalá sean más. Nuestro enfoque, como comentaba, es un enfoque holístico, global, integral. Es decir, queremos que cada jugador sea lo mejor que pueda ser y que cada persona sea lo mejor que pueda ser como persona. Nuestro enfoque es el desarrollo de la persona.

Desde lo pequeño a lo más grande y desde lo más grande a los más pequeño. Todas las decisiones que se toman en el club son para el jugador, todas las decisiones que tomamos en el día a día, en el entrenamiento, son para el jugador. Quizá nos podemos equivocar, pero nosotros tenemos que tener una visión más allá, una visión a largo plazo, por lo tanto, nuestras estrategias deben estar orientadas al futuro. Valores como respeto a los compañeros, la puntualidad, saber escuchar, saber comunicarse con otro compañero, gestionar las emociones. Es una mirada más global y más profunda que una situación concreta.

Navarro: En el Villareal, el foco en el jugador lo llevamos puesto hace poco tiempo, quizá en Athletic están más habituados a preguntar, a los silencios, a escuchar al jugador, nosotros estamos aprendiendo. Así, por ejemplo, nuestras reuniones también tienen este formato: abiertas, con preguntas, con escucha, opiniones, reflexión.

Entonces para resumir, estamos diciendo que es importante la técnica, el procedimiento del juego, los valores del club y tener una idea

como club. Pero, a su vez, es importante crear personas autónomas, que estén a cargo de su aprendizaje, tanto en entrenadores y jugadores.

Rubio: ¿Cuál es la definición de éxito en una academia y el peso del resultado?

Navarro: El peso del resultado está en la sociedad. Responsabilidad educativa y formativa con un chico, para un deporte profesional futuro y para su desarrollo con las personas.

Vilá: En el aspecto formativo está claro que lo más importante para mí es mirar atrás con la sensación de un trabajo bien hecho, estamos generando futuros miembros de la sociedad, tenemos una herramienta fantástica llamada fútbol. A través del juego podemos utilizar todas nuestras capacidades y podemos trabajar y practicar el disfrutar, el aprender, el competir, el querer ser mejor, el trabajar todos los valores que va a necesitar en la vida, responsabilidad, compromiso, confianza, todo a través del entrenamiento. Ser mejores como jugadores y como personas, y esto lo tiene que tener claro el entrenador.

Jongkind: Tendríamos que reconocer un jugador formado en una filosofía independientemente de la camiseta que lleva, este detalle es importante, el proceso es más importante que el resultado. El éxito es construir un futbolista total, que tiene respeto, que sepa comunicar bien, que sepa inspirar a los demás, que tenga un perfil de principios de juego.

Sevillano: El éxito es el placer del viaje, del camino. Si solamente vemos el marcador, apenas vemos una pequeña parte de un gran proceso.

Rubio: Muchas gracias a todos por compartir vuestro conocimiento.

FACTOR COMPETICIÓN

Capítulo 11

El lugar y papel de la competición en el desarrollo del talento

Jim McGuinness, María Ruiz de Oña [1]

Ruiz de Oña: Hola, Jim. ¿Nos puedes situar de dónde vienes? ¿Cuál fue el origen y cómo ha sido tu viaje profesional en este mundo del desarrollo del jugador?

McGuinness: El campeonato de fútbol consiste en 33 equipos, cada uno de los cuales representa una región. En nuestra región tenemos 40 clubes que la representan. No hay cambios, nazcas donde nazcas vas a representar a tu región, eso crea dificultades, porque hay áreas de mayor población que tienen acceso a más jugadores y a más talento, en consecuencia. En cambio, nuestra comunidad es más pequeña y eso tiene desventajas. Yo jugué en Donegal desde pequeño y ese era el reto para mí, jugar en Doncgal como deseaban otros niños de nuestra localidad.

No sé dónde empezó el momento de entrenador. Mi padre y mi madre no eran aficionados al fútbol, pero siempre he tenido una necesidad de practicarlo. Con 16 años entrenaba a un equipo de 12 y a su vez también jugaba. No sé de dónde viene mi afición. Siempre ha estado en mi vida. Supongo que para cualquier jugador intentar representar a su localidad es un reto. Creo que es muy importante representar a la gente con la cual has estudiado y crecido. Sentirte identificado es importante y, además, te da mucha motivación. Desde joven estaba deseando ser entrenador, porque como jugador me lesione cuando tenía 32 años y sabía que era el final de mi carrera. Fue difícil en aquel momento, pero mirándolo ahora estoy feliz de que pasara. Otros jugadores veteranos que jugaban conmigo empiezan a jugar menos: a veces juegan, otras no. En mi caso fue diferente: un día dejé de jugar.

1 Traducido y transcrito por John O'Neil

El club me llamó y me preguntó si quería entrenar el equipo. Nunca habíamos ganado el campeonato. Éramos un equipo de Segunda División y dije que sí, que entrenaría, pues tenía las cosas muy claras incluso cuando era jugador. Siempre he observado a los entrenadores. Aprendí más de los entrenadores "malos", ya que pensaba que esa no era una manera de hablar con un jugador, lo que me ayudó a formar mi opinión, a la vez, que yo me desarrollaba como entrenador.

Empecé a entrenar a mi equipo y ganamos el campeonato por primera vez en la historia. Era un entrenador muy joven, hice lo posible para llegar a Donegal. Tenía las ideas muy claras, pero no pude: fui a presentar mi proyecto a la directiva, pero tenían otro y no me aceptaron, fue muy duro. No conseguí el trabajo. Después volví a intentarlo y tampoco lo logré. A la tercera por fin lo conseguí. No sentía que había claridad en las condiciones, había mucha política por medio, así que entrené a los sub 21 de mi localidad y ahí empezó mi trayecto como entrenador. Había un libro sobre competir, sobre ser ganador, se lo enseñé a los jugadores y les dije: "Eso vamos a ser nosotros, vamos a ser campeones en el campeonato provincial y en el nacional". Sabía que llevábamos 20 años sin ganar nada y, de repente, un jugador se empezó a reír. "¿Por qué te ríes?", le pregunté. Él se dio cuenta de que yo hablaba en serio.

Entendieron que el enfoque iba a ser distinto, iba a haber mucha intensidad en los entrenamientos. Estos eran simples pero muy intensos. Intentaba explicarles que lo íbamos a lograr, y cada vez entrenábamos más intensos. Mirábamos cada aspecto de las tácticas de la formación del equipo y ahí añadíamos la complejidad. Cuando logré entrenar al equipo senior, fue muy similar. Creo que la mayoría de las personas están en zona de confort. Como psicólogo he pedido a los jugadores que se evalúen, y normalmente están ahí, en un 6 o 7 de esfuerzo.

Los equipos top están en el 90 o 95%. Conseguir que la gente entienda eso es muy difícil de hacer, para ello hicimos algo muy sencillo. Le pedí a los jugadores que se pasaran el balón con intensidad muy alta y luego les pregunté: "¿Entendéis lo que está pasando aquí? Lo hicieron al 70%. ¿Qué os he pedido?". "El 100%", contestaron. "¿Por qué no lo distéis?", les volví a preguntar. No supieron contestar. "¿Entendisteis claramente lo que os pedí?", les consulté. Contestaron que sí.

Volvieron a hacer el ejercicio y me dieron el 75%. Entonces lo paré nuevamente: ¿qué pasa? "Hay un factor psicológico", pensé. La gente tiene miedo a fallar, porque si dan lo máximo y fallan, no lo valoran. Volvimos a hacer el ejercicio y el resultado fue parecido. Al final les dije: "¿Qué os pasa? Os lo diré: el miedo, tenéis miedo de mostraros. ¿Qué es lo que peor que os puede ocurrir?". Finalmente lo hicieron, dieron su 100% y el ejercicio duró un minuto. Al acabar se tumbaron en el

suelo. Este es nuestro nivel, para cada ejercicio que hagamos, para la nutrición, para nuestra fuerza, para la preparación física, para la competición... cualquier entrenamiento, si bajaban de ese nivel, parábamos y hablábamos. Creamos un límite para nosotros mismos, para todos los días.

Ruiz de Oña: ¿Qué hace falta en ti como entrenador para tener ese rigor? ¿Cómo te trabajaste ese rigor?

McGuinness: Para terminar la historia, ganamos el campeonato de la provincia, llegamos a la final del campeonato nacional y perdimos. Cuando hablamos de la trayectoria, fue espectacular. Eran jugadores que se divertían jugando, que querían aprender y desarrollarse: ese era el equipo sub 21. Y cuando empecé con los seniors quise conocerlos uno a uno, sobre ellos, saber de dónde eran, cuáles eran sus historias, sobre sus familias, qué necesitaban, cómo iban sus estudios, cualquier cosa que me pudiese explicar el contexto de estas personas y qué les definía. Y así empezamos nuestro trayecto. Después de conocerle uno a uno tuvimos una reunión grupal. Y para contestar a tu pregunta, todo lo que hablamos en esa reunión fue lo que definió los cuatro años siguientes. Hubo un artículo en el periódico sobre los equipos del país, decía que éramos el equipo N° 19 y les pregunté ¿Estáis de acuerdo? Los puse en grupos y les di un cuarto de hora para contestar, pero ellos me pidieron más tiempo, notaba que estaban siendo muy honestos, que estaban como limpiándose: volvieron con las respuestas: "No estamos siendo honestos con nosotros mismos, no estamos haciendo el esfuerzo necesario". En la puesta en común escuchamos todas las respuestas, las pusimos en la pizarra y hablamos sobre ellas.

Fuimos a comer y les propuse una segunda comida. ¿Qué tenemos que hacer para ser el primer equipo del país? Ahora estamos en la Segunda División. Estábamos muy lejos de ganar el campeonato, pero ese fue el momento donde rompimos la negatividad que había en la cultura del club y fuimos construyendo una mirada más positiva. Tuvimos reuniones con el staff sobre cómo hablar con los jugadores, cómo intentar conectar con ellos, nunca debes faltarle al respeto, ni pensar que eres superior a nadie. Después tuvimos reuniones con los jugadores, ellos son el centro, estamos aquí para ayudarles. Si tú eres el médico, tienes que asegurarte que tienes el mejor método del país, para que haga al jugador lo mejor posible.

Los jugadores tenían que entender que debían respetar el hecho de que la gente que trabaja con ellos estaba haciendo todo lo posible para que sean los mejores. Saber cuál es tu rol, tu trabajo y la positividad fue muy importante para esto. El quitar la negatividad fue importante.

Ese equilibrio, sobre el lenguaje, los mensajes, sobre cuál es tu rol, tu trabajo, nos ayudó a empezar de la mejor manera.

Detrás de esa primera reunión identificamos muchas cosas como, por ejemplo, reglas, normas, hablamos de los límites. Si quieres crear una cultura tienes que asegurarte que mantienes esas normas, tus límites. No sirve de nada decir que tú crees en ellas y si alguien rompe una norma no haces nada al respecto. Si tú crees en ellas tienes que seguirlas. Además, reflexionamos sobre cómo trabajábamos dentro de un equipo, cómo te expresas como persona, ser la mejor persona que tú puedes ser y eso qué significa. Les pregunté a los jugadores que significaba, y les dije que, para mí, es pensar que en cualquier entrenamiento que se da en este país nadie trabaje más fuerte que nosotros. Años después logramos ese objetivo.

El primer día intentamos ser lo más claros posible sobre qué queríamos hacer y cómo lo íbamos a hacer. Después fuimos al campo a entrenar y ahí hicimos el ejercicio que he mencionado antes. Y antes de empezar les metí en un círculo y les dije uno a uno mirándoles a los ojos: "Nosotros vamos a ser los campeones de Oster". Quería mirarles en los ojos y enseñarles mis intenciones.

Yo entré en Donegal a los 18 años y ganamos el campeonato provincial y nacional. Pensaba que eso era espectacular y que lo íbamos a ganar otros años, pero no fue así. El ganar el campeonato de Oster fue muy importante para el grupo, por eso se lo dije. En cada entrenamiento les decía antes de empezar de que íbamos a ser los campeones. Fue gracioso, porque cuando ganamos el campeonato, íbamos en el autobús y al jugador que tenía al lado le dije: "Es difícil creer que lo hayamos ganado". "¿Difícil? Pero si nos lo dijiste todos los días", contestó.

Fue un gran momento porque el mensaje había llegado. Pero para mí lo más importante es la cultura. Cuando hablamos de respeto y valores: eso es importante en el fútbol. Los jugadores están a mucho nivel de tensión y si se faltan el respeto entre ellos, o a alguien del staff, yo tengo un problema como entrenador. Cuando entrenábamos, si alguien faltaba al respeto, el entrenamiento no podía seguir, para mí eso no es así, siempre había consecuencias cuando tratas mal a alguien. Yo pensaba, ¿cuándo haya presión luchará esa persona con todo lo que tiene para defender al otro? Yo no lo creo, así que una vez que un jugador faltó el respeto verbalmente a otro, paré el entrenamiento y todos hicimos 100 flexiones. Teníamos jugadores de 19 y 20 años y veía que no podían, pero si no podían, parábamos y volvíamos otra vez, pero las hacíamos. Y después de esto les decía siempre "yo quiero que tú luches por esa persona con todo tu ser. En el momento que insultas o hablas mal de esa persona es cuando la presión aparece".

Y lo que ocurrió a raíz de este incidente es que no volvió a ocurrir en los nueve meses siguientes. Se creó un espacio donde la gente podía entrenar fuerte, sin límites, pero sin faltar el respeto. El resultado fue algo que yo no esperaba, fue el entretenimiento. De repente éramos un grupo de personas que se divertían entrenando, no había conflicto, no había mal rollo y esa dinámica de tensión y conflicto no existía. La gente se sentía cómoda en conjunto y, por ello, como no había tensión, el factor del divertimento entró, se podía jugar, se hacían bromas. Y te digo que el entrenador no era inmune a estas bromas y no me importaba, porque somos un equipo. Entonces empezamos nuestro viaje para intentar ganar el campeonato nacional, y resumiendo, esto es algo muy importante para mí, estábamos desesperados por ganar, pero ganar de una determinada manera. Cualquiera en esta habitación podría hacer un grupo, podrían pedirles X e Y y conseguirás resultados, pero para mí, no vas a conseguirlo a largo plazo desde esa perspectiva controladora. Si quieres un equipo a largo plazo tienes que crear una cultura de trabajo que garantice el éxito temporada tras temporada. La cultura que tú creas es la que va a condicionar eso, no la agresividad de los resultados.

Cuando empecé a jugar era muy mal perdedor, porque era competitivo. Ahora soy buen perdedor. Lo que quiero decir es que si tú haces todo lo posible y eres honesto en tu trabajo, te puedo mirar a los ojos y decir que tú has dado todo lo que tienes. Si damos lo máximo no pasa nada, no hay vergüenza. El problema es cuando entrenas a un 70% y piensas que no hemos hecho todo lo posible. Ese 30% restante nos dice que no hemos sido puros en nuestro compromiso.

Ruiz de Oña: Gracias, Jim, por compartir este maravilloso viaje. Nos has ido situando paso a paso en todo el proceso de construcción de un equipo ganador, pero qué pasa cuando llegan los resultados. ¿Cómo gestionas el éxito? ¿Cómo gestionas mantenerlos en el tiempo?

McGuinness: Nunca hablábamos de resultados. Teníamos cosas que definían el desarrollo de los jugadores, 20 factores que definían su rendimiento. Cuando acababa el partido y volvíamos al hotel, los poníamos en grupo y hablamos de ellos, la transición defensa, goles a favor, goles en contra y los jugadores los valoraban. Yo también. Los evaluaban en cinco categorías. Si llegábamos al 100% en las cinco categorías era perfecto.

Luego hablaba con los jugadores sobre por qué habían dado esas valoraciones e intercambiábamos nuestras opiniones. Esto hacía que la comunicación estuviera abierta. Al final, ellos definían el plan del juego, mostraban sus emociones, podían decir en cualquier momento su

opinión y hablar sobre cómo podrían evolucionar como equipo desde sus perspectivas.

Definíamos un triángulo de calidad. El entrenador de fútbol está en la cima de la organización y toma las decisiones, pero a mí me gusta estar abajo con los jugadores. Cuando tengo que tomar decisiones asumo ese lugar privilegiado, pero luego vuelvo abajo. Cuando esa decisión ha terminado, la cultura está abajo, no me siento más ni menos que mis jugadores, no me importa lo que cobran, no me importa cuántas novias tienen, todos somos seres humanos, estamos en un trayecto, en un viaje, estamos haciendo algo que nos supera a nosotros mismos. No es sobre tu carrera, sino sobre la de todos y si hacemos correctamente ese viaje, puede ser muy especial. Por eso tomar decisiones con el equipo era una colaboración. Después de evaluar los factores de calidad, volvíamos al entrenamiento con las conclusiones y veíamos cómo podíamos integrar los factores de calidad. Había jugadores que mejoraron en su confianza.

Se habla sobre la confianza, se dice que sube y baja. Para mí eso es una tontería, no creo en ello. Creo que la confianza es un proceso y si trabajas muy duro e intentas llegar a tus límites y superarlos, y aquí es donde la psicología se cruza y se mete, construyes la confianza. Yo hice esforzarse mucho a ese grupo y a ellos les gustó, porque vieron que era algo que no pasaba cualquier día. Estamos en un sitio especial. Lo más difícil es empujar hacia esos límites, hacer que se esfuercen. Lo fácil es que desde ahí mejoren. Y aquí lo físico y lo psicológico se unían, porque ellos pensaban: "No hay nadie que entrene tan fuerte como nosotros". Entraban al partido, miraban al rival y pensaban que lo iban a superar. Eso no es entrenar las habilidades mentales, eso no es decir que tienes que ser fuerte mentalmente, eso es combinar lo psicológico y físico. Al final, la confianza viene del trabajo duro, de la preparación, es un proceso.

La confianza viene de la preparación. Mi preparación también era grande: si estuviésemos jugando un partido grande podría dedicar cinco horas a ver videos del rival. Parar y empezar, tomar notas, con mi hijo de cuatro años en casa, y al final de ese proceso, pensar que es el partido N° 1, el más importante. Así siempre. Al final, eran muchas horas de preparación de partidos.

Después del partido miro lo que ha pasado, lo que ha surgido. El trabajo empieza a salir en el partido. Luego comparas con otros partidos y miras las conexiones entre ellos. Al final del proceso puedes tener varias cosas que definen las tendencias, lo que une un partido con los demás.

Cuando vas a trabajar con el equipo, y tienes la primera reunión sobre el rival dices: "Esto es lo que van a hacer, esto es cómo lo hacen y estos son quiénes lo van a hacer. Así que explico lo que haremos para contrarrestar sus acciones". Si los jugadores te hacen una pregunta, tienes la respuesta clara porque has hecho tus deberes. Si quieres que tus jugadores crean en ti, tienes que hablar con convicción. María, si yo te digo: "Este va a ser un partido difícil, esperaremos que las cosas vayan bien, crucemos los dedos". No hay una intención, un propósito, tu energía bajará. Pero si yo te digo: "Esto es lo que vamos a hacer", si les enseñas en la pizarra, si entrenas bien el objetivo, si lo mencionas en los entrenamientos y en todas las conversaciones, y lo defines bien y lo expresas, entonces hay confianza que viene de la preparación. Ahí se consiguen resultados.

Pero son los resultados basados en cómo enfocas la competición. Hay que dar apoyo, es muy fácil ser negativo. Me doy cuenta con mis hijos. Los entrenadores esperan a que cometan un error y decirles algo negativo. Debería ser al revés, darles la enhorabuena, alentarles a que lo intenten y darles *feedback* positivo. Lo mismo pasa con jugadores. Cuando hablamos de preparación del plan de juego, mi ambición era asegurarme de que estaba clarísimo en su mente, por eso hablábamos, hacíamos las evaluaciones. Todo esto es importante para la dinámica del grupo. Mi ambición era asegurarme de que me comunicaba apropiadamente.

La dinámica del grupo es fundamental. Si no respetas al 100% todas las áreas de trabajo, si no le das el valor que tienen, no podrás alcanzar el nivel más alto. Si logras cumplir eso, si yo como entrenador sé que estamos haciendo todo lo posible, y que cuando no están haciendo bien su trabajo paramos y nos replanteamos y buscamos volver a nuestro nivel, el proceso funciona y así llegan los resultados. No sacarles al campo y que un día estén a un nivel y otro día a otro.

Ruiz de Oña: En el 2014, Jim McGuinness tienes la posibilidad de un nuevo viaje, empezar a trabajar en el Glasgow Celtic como psicólogo. ¿Cómo cierras este viaje? ¿Qué has dejado en Donegal?

McGuinness: He de decir que cuando recibí la llamada para trabajar en el Celtic sentí un gran orgullo. Especialmente si eres irlandés, porque el club fue fundado por una institución religiosa en Irlanda. Surgió a partir de la pobreza y la caridad y lleva los colores blanco y verde de la bandera irlandesa. Como digo, para un irlandés es un gran honor trabajar allí.

Estaba en una situación difícil porque tenía un contrato de cuatro años en mi club y llevaba dos. Además, habíamos ganado el campeonato nacional cuando me ofrecieron este puesto. Les dije si podía acabar mi contrato con el Donegal.

Déjame que haga un paréntesis. Ganar el campeonato nacional y el provincial en 2011 fue algo espectacular. El último de los partidos fue muy especial por la intensidad del mismo y porque ambos equipos no estaban preparados para desistir. Hubo prórroga y en ella ganamos el partido. Las ganas de seguir luchando fueron espectaculares y como entrenador dices: "Por esto estoy aquí, en eso consiste el juego". El año pasado nos ganaron y los jugadores fueron maltratados en las redes sociales. Les decían que estaban cansados, sin energías, que habían llegado a su límite. Y al año siguiente estaban luchando por ello a muerte. Entre esta temporada y la siguiente, como entrenador, tuve el mayor desafío que había enfrentado, sabía que lo que había ocurrido podía volver a ocurrir. Necesitábamos mejorar el sistema ofensivo para ser intocables. Y durante cuatro meses cada noche yo pensé eso, y pensaba que si no solucionaba ese problema, iba a volver a aparecer. Sea cual sea el contexto, tu vida profesional, académica, trabajar con equipos, sea cual sea el problema, tienes que pensar en el problema todo lo que puedas, y ahí encontrarás una solución, encontrarás la manera de afrontarlo. Al año siguiente volvimos a ganar el campeonato y eso fue increíble como entrenador, porque también lo gané como jugador. Ganarlo dos veces para la comunidad fue grande.

Ruiz de Oña: Empieza tu etapa cómo psicólogo en el Celtic.

McGuinness: Esta es mi experiencia: cuando entré, muchas de las conversaciones eran subjetivas. Yo veía que echaban a jugadores. Hubo uno, en concreto, que se marchó, triunfó en el club rival y tuvimos que volver a contratarle y yo pensé: ¿Cómo puede ser eso? Aumentar la objetividad en todas las decisiones que tomábamos fue uno de los retos. Cuando trabajaba con la academia, creamos una plataforma online para lidiar con todas sus necesidades de desarrollo de los jugadores. Teníamos 280 niños en la academia e intentamos llegar a todos a través de la plataforma, teniendo en cuenta su inteligencia y los factores de calidad que nosotros creíamos importantes. Creamos unos factores de calidad para todos los jugadores en los partidos.

Y después de todos sus partidos había un *feedback* individual. Creo que es importante para que sepan dónde están, cómo pueden desarrollarse y mejorar. Después de cada partido podían conectarse online y ver sus valoraciones. Preferíamos que lo hicieran al día siguiente para que no tomaran decisiones emocionales. Pedíamos que pasara un día e hicieran la evaluación, que entraran en la plataforma y ahí verían lo que tenían que trabajar. Cuando veían la información, la valoraban y se la enviaban al entrenador. Y si el entrenador no estaba de acuerdo en las valoraciones, lo comentaban.

Teníamos 260 niños en la academia y todos los fines de semana tenían una evaluación *one to one*. Esta idea lo que hace es enseñarles a esos niños lo que significa lo bueno, lo excelente, hablando de los factores de calidad, recibiendo una determinada valoración. Si es negativa, tienen que hablar de ello con el entrenador para buscar mejorarla, tienen que haber una conversación de entrenador y jugador, y eso ayuda a mejorar las relaciones y mejorarlas.

En la plataforma también tenemos varios audios psicológicos sobre varios temas, como controlar la distracción, por ejemplo. Los jugadores pueden escucharlo antes del partido, no les obligamos a hacerlo, pero pueden utilizarlo. Además, hay 300 horas de películas motivacionales, y existen porque nuestros niños tienen todo preparado: se les recogen en el autobús, se les da la comida, entrenamientos. La idea es que conecten con alguna escena y les haga reflexionar, y eso es lo que les lleva o les motiva. Los videos existen porque todo el mundo está *online*.

Pueden ver sus clips individuales, pero no pueden ver el de los demás, pueden valorar el partido, pueden darse cuenta de lo que ha ocurrido y eso es bueno porque les da más objetividad. Los jugadores se desarrollan y van progresando desde la academia. Esperamos que dentro de diez años podamos ver cómo han evolucionado. También hacemos valoraciones psicológicas: ver qué ha traído el jugador, qué le ha hecho llegar y qué no. Traer esa objetividad era uno de mis retos como psicólogo.

Cuando empecé a trabajar con el primer equipo, el 90% de mi trabajo eran conversaciones *one to one*. Las conversaciones con estos jugadores del primer equipo pueden ser complejas porque tienen muchas exigencias, todo el mundo quiere algo, todo el mundo quiere ser su amigo. La clave para llegar al éxito es tener un enfoque muy claro, algo que es difícil cuando todo el mundo está tirando de ti.

Mi trabajo con los jugadores es ayudarles a enfocarse y que entiendan por qué están ahí, qué es lo más importante en su vida, cuándo empezaron a jugar y por qué empezaron a jugar. Siempre te dan la misma respuesta: porque aman el fútbol, por miembros de su familia o porque querían tener una vida mejor. Siento que mi trabajo es para que no pierdan la conexión con esas razones y que no les influencien las demás cosas que puedan impactar negativamente en su motivación. Muchas de las conversaciones con los jugadores son sobre esto: si no entienden de dónde vienen como personas, qué personas son… ¿Cómo pueden tener la motivación para lograr algo? Si no tienes una base para lograr lo que quieras, es muy difícil.

Ruiz de Oña: Muchas gracias, Jim, por compartir con nosotros tu experiencia.

Capítulo 12

¿Qué hace que un grupo de jugadores funcione como equipo de fútbol?

Sabino Ayestarán, profesor emérito de
Psicología en la Universidad del País Vasco

Introducción

No podemos olvidar que cualquier equipo de fútbol depende de tres factores: la estructura y la cultura del club; el proyecto del entrenador y su capacidad para realizar dicho proyecto, y características técnicas, fisiológicas y psicológicas de los jugadores. Los tres factores son básicos para el buen funcionamiento del equipo de fútbol, pero no los voy a desarrollar. Dispongo de un espacio limitado y me centraré en el funcionamiento del equipo. Intentaré responder a esta pregunta: ¿Qué hace que un grupo de jugadores funcione como equipo de fútbol?

Visión compartida de los objetivos y del sistema de juego del equipo

Cualquier equipo tiene que construir un objetivo compartido. El objetivo será distinto según se trate de un equipo docente, un equipo de investigación, un equipo empresarial o un equipo deportivo. Pero hay una pregunta que es válida para cualquier equipo: ¿Se debe imponer el objetivo al equipo o éste debe construir su propio objetivo? Si queremos reforzar la vinculación de los jugadores al club es importante que el entrenador, la dirección del club y todos los jugadores del equipo participen tanto en la fijación de objetivos como en la definición del sistema de juego.

Antiguamente, en la organización científica del trabajo, el grupo directivo era el que planificaba las estrategias y dirigía la organización. Asumía, igualmente, toda la responsabilidad de los éxitos y fracasos de la organización. Los trabajadores ejecutaban las líneas estratégicas de la organización y la sostenían económicamente con su trabajo, pero no se responsabilizaban de los resultados económicos de la misma. Hoy, del ejercicio de un liderazgo jerárquico y vertical, estamos evolucionando hacia un liderazgo más compartido. Los trabajadores participan en la planificación de la organización y participan, igualmente, en las ganancias y pérdidas económicas. A los trabajadores se les pide competitividad, corresponsabilidad y cooperación. La distinción entre grupo directivo y grupo de trabajadores se está difuminando, porque los trabajadores participan, también, en el liderazgo de la organización. El tipo de liderazgo de cada persona queda definido por la función que ejerce dentro de la organización.

Este es el tipo de liderazgo que se debería aplicar en un equipo de fútbol. Requiere mucha comunicación, especialmente entre el entrenador y los jugadores, mucha motivación y mucha paciencia. Los equipos de alto rendimiento no se construyen en un mes. Se necesita bastante tiempo para definir cuál es el rol que debe jugar cada jugador para ser más útil al equipo. Se necesita mucha comunicación entre entrenador y jugadores, y entre los mismos jugadores para que se ayuden mutuamente a conocer para qué sirve cada uno de los jugadores. En cualquier equipo, uno se conoce a sí mismo por la satisfacción que le produce lo que hace y por los mensajes que recibe de sus compañeros y, muy en especial, de su entrenador. Los mensajes que se dan en el equipo tienen que ser claros y sinceros. No hay cosa más destructiva en un equipo que el engaño y el envío de mensajes contradictorios. Pero es muy complicada una comunicación clara y sincera en un equipo. Exige mucha confianza en el equipo.

Esta confianza se apoya en tres sentimientos: transparencia, potencia y seguridad. Sentimiento de transparencia respecto a las decisiones que se toman en el equipo. Transparencia en las decisiones del entrenador. Transparencia, igualmente, en el apoyo de los jugadores a las decisiones que toma el entrenador. Sentimiento de potencia del equipo, que está asociado a los resultados que obtiene el mismo. Sentimiento de seguridad, ligado a la expectativa de los jugadores de que el equipo promoverá el crecimiento técnico y humano de cada uno de ellos.

Ambición, competitividad y productividad

Katzenbach y Smith (1996), en su libro *La sabiduría de los equipos*, defienden la tesis de que un equipo de alto rendimiento se apoya en la ambición de las personas y en su inteligencia emocional. Un equipo de alto rendimiento es posible cuando sus miembros son muy ambiciosos y, al mismo tiempo, suficientemente inteligentes para comprender que cooperando ganarán todos más que compitiendo entre ellos.

Para aumentar la productividad tenemos que fomentar la ambición de las personas. La ambición es el motor de la productividad, pero la ambición comporta, igualmente, aumento de competitividad. No es bueno contraponer la competición a la cooperación. En el proceso de crecimiento de un equipo, la competición asegura la productividad del equipo. En cualquier equipo, la vagancia social es el peor enemigo de la productividad. Para evitar la vagancia social es bueno introducir un poco de competitividad en el equipo. El problema está en pasar de la competición a la cooperación. Hay quienes lo hacen con mucha facilidad y hay quienes lo tienen muy difícil. ¿De qué depende? Del grado de desarrollo de la inteligencia emocional. Ésta incluye cuatro procesos: reconocer y nombrar las emociones propias y ajenas; controlarlas para aprender a expresarlas de forma que no ofendan ni culpabilicen a otras personas del entorno; transformar cognitivamente las emociones negativas en energía positiva. La transformación cognitiva de las emociones supone dar a las mismas un significado nuevo, es decir, interpretarlas de una manera más positiva. Las emociones ligadas a la competición son percibidas como positivas, siempre que se relacionen con la productividad del equipo.

Creatividad, memoria transactiva y cooperación

Los equipos de futbol, se parecen mucho a los equipos de innovación porque se fundamentan en la creatividad, en la memoria transactiva y en la cooperación entre diferentes (Ayestarán y otros, 2013). La creatividad facilita la cooperación entre diferentes reforzando la autonomía de cada persona, su flexibilidad mental para comprender perspectivas diferentes y su motivación para transformar la emoción en acción. La memoria transactiva es la memoria colectiva del equipo de lo que sabe hacer bien cada uno de los miembros del mismo (Austin, 2003). Es un concepto fundamental en los equipos de alto rendimiento. También lo es en los equipos de fútbol. Los entrenadores saben muy bien que necesitan jugadores diferentes, capacitados para jugar en los puestos de atrás, del centro y de la delantera. Pero cada uno de ellos tiene que ser muy bueno en su puesto. La memoria transactiva del equipo hace que la creatividad individual se transforme en innovación del grupo. La innovación exige, por una parte, diversidad de talentos, pero, por otra, exige que estos talentos se integren en un proyecto y lleguen a funcionar de una manera complementaria. Cuando todos los miembros del equipo han interiorizado el esquema de juego y conocen lo que aporta

cada uno de los jugadores a la puesta en práctica de dicho esquema, decimos que juegan de memoria. Han interiorizado el esquema de juego. Los psicólogos decimos que se ha construido la memoria transactiva del equipo. Esto que se ve fácilmente en los equipos de fútbol debería ocurrir, igualmente, en cualquier equipo de alto rendimiento.

Se da la cooperación dentro de un proyecto compartido. Se construye este proyecto definiendo el lugar que ocupa cada jugador en ese proyecto. La cooperación entre diferentes se da, necesariamente, entre personas comprometidas con un proyecto común. Se supera el individualismo cuando se percibe que el éxito del equipo es un bien para todos y cada uno de los individuos (Maimone y Sinclair, 2014).

Gestión de los conflictos

Voy a tratar de responder a estas dos preguntas: ¿Qué síntomas tienen los conflictos en un equipo de fútbol? ¿Cómo podemos gestionar los conflictos en un equipo de fútbol?

Como en cualquier tipo de equipo, también en los equipos de fútbol, los conflictos tienen dos síntomas claros: reducción de la confianza de las personas en el equipo y reducción de la transparencia en la comunicación entre personas. Los conflictos aumentan la distancia entre el equipo y sus miembros. Este distanciamiento es el resultado de una pérdida de sentimiento de potencia del equipo y pérdida del sentimiento de seguridad de las personas. Es importante entender que, en cualquier grupo humano, la confianza de los individuos en el grupo se apoya, en primer lugar, en el orgullo que sienten las personas por pertenecer al grupo. Este orgullo se debe a los resultados que obtiene el equipo. El sentimiento de potencia de cualquier equipo deportivo está ligado a los resultados que obtiene el mismo. La segunda vertiente de la confianza de las personas en el equipo es el sentimiento de seguridad de las personas en el equipo. Esta seguridad está relacionada con el sentimiento de que el equipo les ayuda a desarrollar sus competencias personales. Sienten que van creciendo como futbolistas y como personas. Este sentimiento tiene mucha relación con la motivación de los jugadores.

La pérdida o reducción de los sentimientos de potencia y de seguridad personal en el equipo es el síntoma más claro de que existe un conflicto en el equipo. Hablo siempre de la confianza en el equipo, que no se debe confundir con la confianza interpersonal. Los problemas interpersonales no son problemas del equipo. Son problemas personales y hay que darles un tratamiento individual. Preferentemente, fuera del equipo. En un equipo de alto rendimiento los jugadores tienen que ser capaces de cooperar con todos, aunque existan algunas incompatibi-

lidades de carácter entre ellos. Un equipo deportivo no es, necesariamente, un grupo de amigos. Si lo es, tanto mejor, pero no es necesario que sean amigos para cooperar en el proyecto del equipo.

Los problemas interpersonales tienen su propio marco de tratamiento. Es el marco de la psicoterapia, tanto individual como grupal. En ese marco terapéutico hay unas reglas que regulan las relaciones entre las personas, tanto con el terapeuta como con el resto de los miembros del grupo terapéutico, que no son buenas para los equipos deportivos ni para los equipos de trabajo. La diferencia entre un grupo terapéutico y un equipo de fútbol está en que tienen objetivos diferentes. El grupo terapéutico es un espejo en el que las personas proyectan sus pensamientos y sus sentimientos. El grupo les ayuda a analizarlos y a transformarlos. No es éste el lugar más adecuado para exponer las diferentes técnicas que existen. Decir solamente que, en mi opinión, la diferencia fundamental está en el distinto tratamiento de la competición. En los grupos de terapia, la eficiencia del grupo no tiene una relación directa con la competición. Es más, se procura fomentar la cooperación y eliminar la competición. En cambio, en los grupos de trabajo y en los grupos deportivos, el rendimiento del grupo tiene relación directa con la competitividad.

Un equipo de fútbol tiene que fomentar la productividad del equipo. Para eso, promueve la competitividad interna y, lógicamente, la competitividad con los demás equipos. Dentro del equipo la competitividad tiene el objetivo de mejorar las competencias individuales y, de esa manera, hacer que la cooperación sea más productiva.

Michael West ha sido uno de los primeros psicólogos organizacionales en introducir las sesiones de reflexividad. Son esas sesiones en las que los jugadores y el entrenador se preguntan qué está pasando en el equipo. Lógicamente, el equipo se hace esta pregunta cuando tiene resultados negativos. Puede ser un problema de falta de competencias para el puesto que ocupan los jugadores en el equipo. En ese caso, será necesario revisar la colocación de los futbolistas o revisar el esquema de juego. Éste es un problema del equipo, que debe ser resuelto por el entrenador y el equipo. Es muy importante tener presente el tipo de liderazgo que se ejerza en estas sesiones de reflexividad. Es mejor utilizar el liderazgo transformacional que el liderazgo directivo. El liderazgo directivo coloca toda la responsabilidad en el entrenador. En cambio, en el liderazgo transformacional, la responsabilidad es compartida con los jugadores. El entrenador trata de promover la participación de todos con dos estrategias, muy propias de los líderes transformacionales: hace preguntas que estimulan y orientan la búsqueda de soluciones por parte de los jugadores, y recoge las respuestas de todos, las integra y las devuelve a los jugadores. Es la mejor forma de motivar a los jugadores

para que se impliquen en la búsqueda de soluciones a los problemas del equipo.

Puede ocurrir que los jugadores, aun teniendo las competencias exigidas, no rindan por falta de ambición. En un deportista, la ambición es la fuerza interior que conduce al éxito. Sin ambición no hay implicación en el juego del equipo. ¿Cómo motivar al jugador desmotivado? En primer lugar, tenemos que hacerle ver que tiene cualidades para triunfar. Si no las tuviese, mejor que se retire del fútbol. El engaño en este punto sería muy cruel. Significaría condenar a una persona a luchar por algo que no puede lograr. Si tenemos esperanzas fundadas de que pueda triunfar en el fútbol, comenzaremos subrayando los hechos, los pequeños pasos que va dando en el camino hacia la excelencia. Tiene que creérselo por su propio comportamiento. La motivación viene del interior de una persona. Desde fuera solamente podemos facilitar que el futbolista dé los primeros pasos. Si las primeras actuaciones son buenas, se reforzará la motivación.

La negociación creativa

La negociación creativa es una negociación que se aplica en situaciones de conflicto de intereses. Consiste en construir nuevas ideas, nuevos valores y nuevos proyectos desde la diferencia. Supone ir a la negociación con una idea clara de lo que se quiere lograr, pero, al mismo tiempo, estar abiertos a que podamos construir en el grupo una nueva solución, que responda a los intereses de todas las personas. La técnica de la negociación creativa presupone que todos los miembros del grupo comparten el interés de pertenecer al grupo. De lo contrario, no se podría aplicar la negociación creativa, porque no habría interés en mantener la relación grupal. Yo puedo sacrificar parte de mis intereses individuales a favor de los demás siempre que me interese pertenecer al grupo. La técnica de la negociación creativa se desarrolla en cinco fases (Covey, 2012):

- Cada uno de los miembros del equipo expone su interés en una situación concreta de conflicto de intereses. Expone públicamente qué quiere conseguir. Para favorecer la expresión libre de los intereses actualmente se utiliza la técnica del *brainstorming* o tormenta de ideas, hecha por escrito, utilizando los *post-its*. Este primer paso es el más difícil. En una situación de conflicto, a las personas nos cuesta exponer nuestros intereses reales. Ocultamos el interés más habitual en una situación de competición: "Quiero imponer al grupo mi perspectiva". Al ocultar este interés, los in-

tereses que se manifiestan no son del todo reales. Esto dificulta mucho la negociación.

- Conocidos los intereses de los miembros del grupo se aplica la técnica del Diagrama de afinidad, es decir, se agrupan los intereses afines y se concretan los intereses de todos los miembros del grupo. En un grupo de 10 personas, no suelen pasar de cuatro o cinco los tipos o categorías de intereses que hay en el grupo.
- Todos los miembros saben lo que quieren los otros. Ahora, cada persona tiene que buscar la mejor solución para todos. Es la fase central de la creatividad grupal. Uno piensa en sí mismo, pero piensa, igualmente, en los demás. Tiene que imaginar una solución que convenga a todas las personas del equipo.
- Se analizan todas las soluciones aportadas por los miembros del equipo y se escoge la que obtiene mayor consenso en el mismo. Es importante evitar las votaciones. En caso de que no se pueda lograr un consenso, se puede aplicar la técnica de la selección ponderada.
- Finalmente, se diseña la implementación de la solución escogida.

Hay muchas técnicas que facilitan la toma de decisiones en los equipos, pero me gustaría exponer dos que son de máxima utilidad en el trabajo con equipos: Diagrama de afinidad y Selección ponderada.

Diagrama de afinidad

Es una herramienta para la obtención y agrupamiento de ideas. Planteado el asunto que se está analizando, en una oración completa, la técnica consiste en los siguientes pasos:

- Buscar y analizar al menos 20 ideas o asuntos. Registrar cada idea en una hojita de papel. Escribir en letras grandes y oscuras, para que sea visible desde una distancia de un metro. Usar frases cortas, como mínimo, un sustantivo y un verbo. Evite usar palabras aisladas.
- Separe/clasifique las ideas simultáneamente en 5-10 columnas. Mueva las hojitas hacia donde mejor encajen según su opinión; no pregunte, simplemente mueva cualquier nota que piense deba estar en otra columna. La clasificación disminuirá o se detendrá cuando cada persona se sienta lo suficientemente cómoda con los agrupamientos.

- Para cada columna, cree tarjetas resumen o de encabezamiento usando el consenso. Estas ideas son las ideas producidas por el equipo. Hemos pasado de ideas individuales a ideas de grupo.
- Aplicando la técnica de la Selección ponderada, priorice las ideas que ha producido el equipo, es decir, las tarjetas de encabezamiento.
- Dibuje el diagrama de afinidad final conectando todas las tarjetas de encabezamiento finalizadas. Este último paso es muy importante para integrar las diferencias en ideas, en alternativas, en soluciones. Casi siempre es posible integrar las diferentes ideas en una nueva idea que incluya las ideas anteriores.

La selección ponderada

Se utiliza esta técnica para priorizar diferentes opciones o elementos.

- Se hace un listado de los elementos (ideas, propuestas, opciones, soluciones) que se trata de priorizar.
- Se valora cada uno de esos elementos, aplicando una escala con tantos intervalos como elementos tiene el listado. Si tenemos una lista de 5 elementos, la escala debe ir de 1 a 5, donde 1 es la valoración más baja y 5 es la valoración más alta. Si los elementos son 10, la escala irá de 1 a 10.
- Se suman las valoraciones de todos los miembros del equipo. La priorización grupal de los elementos es igual a la suma de las valoraciones de todos los miembros del equipo.

Bibliografía

Austin, J. R. (2003). Transactive memory in organizational groups: The effects of content, consensus, specialization, and accuracy on group performance. *Journal of Applied Psychology, 88*, 866-878.

Ayestarán, S., Balluerka, N., Gorostiagaa, A., Aritzeta, A. y Gómez, O. (2013). *Facilitación de equipos de innovación*. Bilbao: Editorial UPV/ EHU.

Covey, S. R. (2012). *La 3ª Alternativa*. Barcelona: Paidós.

Katzenbach, J. R. y Smith, D. K. (1996). *Sabiduría de los equipos*. Madrid: Diaz de Santos.

Maimone, F. y Sinclair, M. (2014). Dancing in the dark: creativity, knowledge creation and (emergent) organizational change. *Journal of Organizational Change Management, 27(2)*, 344-361.

Capítulo 13

¿Qué es lo emergente? ¿Por qué en el fútbol?

Javier García de Andoín, Iñigo Etxebarria y María Ruiz de Oña

En este capítulo debatimos sobre lo emergente con Javier García de Andoín e Iñigo Etxebarria, dos grandes viajeros que transitan por el mundo a través del aprendizaje vital.

María Ruiz de Oña: ¡Cuántas veces nos encontramos en el mundo del fútbol con el factor sorpresa! "Pensaba que íbamos a quedar primeros y ¿qué ha pasado?". "De repente todo se ha caído". "¿Cómo es posible si llevamos toda la temporada trabajando esto?". "¿Qué había que no he visto?".

"¿Qué es lo emergente?".

Javier García de Andoín: Me gustaría situar lo emergente no como una relación con los sucesos que no preveo -que tiene más que ver con lo inédito, con la sorpresa, con lo inesperado-, sino que tiene que ver con lo que no se ve pero está pasando, con aquello que está más allá de lo que he previsto o está fuera del área de mis expectativas. El lugar de lo emergente no es el futuro, sino que es radicalmente el presente.

"La realidad. Lo emergente es real. Creo que es necesario reforzar la idea de que lo emergente está ya aquí, se puede ver o no, entender o no, pero existe y se mueve".

Quería ilustrarlo con una idea de Einstein. Cada día, Einstein iba a dar la clase en su bicicleta, atravesaba el campus sonriendo y decía: "La vida es como ir en bicicleta, para mantenerse en equilibrio tienes que

moverte". Así es, la vida es movimiento y cuando hay un momento de inestabilidad hace falta dar un paso para reequilibrarme otra vez. ¿Un paso hacia dónde?: hacia lo emergente.

"El dinamismo. Se mueve y muy rápido, con mucha velocidad. Es algo muy líquido y por tanto con muchas formas y adaptable a muchos contextos, decantándose en diferentes realidades".

Si mi relación con lo emergente se sostiene desde un discurso en clave de reforzar lo que ya conozco, de definir en base a mi seguridad o de dar una respuesta que intente estructurar mi movimiento hacia lo ya aprendido, lo emergente pierde su vigor, todo el poder que otorga la libertad, el riesgo de conocer algo. Y el conocer es el factor clave de la calidad. Hay que situarse ante lo emergente, no desde una clave de seguridad, sino desde una clave de riesgo, dar un paso, una pedaleada hacia adelante, como el andar en bici.

La palabra riesgo está asociada en la filosofía hinduista a la idea del "ojo ardiente de la posibilidad", al entusiasmo, al interés de lo posible. El riesgo deberíamos situarlo en un terreno distinto al del peligro. Hablo de los riesgos inteligentes, de los riesgos que están construidos con el despertar del conocimiento, con el deseo de aprender. Ésta es la clave de la creatividad, el corazón del potencial que todo ser humano tiene. Este riesgo debería desligarse del sufrimiento. El riesgo, como el aprendizaje o la creatividad, tenemos que situarlo en un terreno distinto.

Iñigo Etxebarria: Estás llevando todo esto hacia el significado de lo emergente y a partir de ahí, lo que entiendo es que lo emergente tiene que ver con la apertura permanente a lo que pasa, estás realizando una invitación a estar permanentemente abierto a lo que hay alrededor.

García de Andoín: Sí, Iñigo, lo que dices es muy interesante. El budismo utiliza un concepto que ahora está presente en muchos ámbitos: "La mente del principiante". Es decir, mirar las cosas como si fuese la primera vez. Habitualmente las personas miramos la vida a través de un espejo retrovisor, hacia atrás. Afrontamos las cosas desde una forma y estructura cerrada y probablemente ahí aparece el miedo, todo lo que puedo perder, la resistencia al cambio.

"Lo emergente como apertura a todo lo que pasa alrededor y en uno mismo, la mente del principiante, y el riesgo como entusiasmo e interés de lo posible".

En este momento, cuando la incertidumbre se presenta, generamos nuestro aprendizaje. Aprender es un movimiento vital, es un modo de estar en el mundo. El aprender pertenece al ámbito en el que se sostiene la identidad del ser humano. Este aprender no dialoga con la ignorancia, lo hace con la identidad. Hoy, todo el aprendizaje, en cualquier ámbito, está orientado a cubrir una carencia, en el mejor de los casos se apoya en estrategias de motivación, se trata de una función completamente instrumental. La instrumentalización no genera aprendizaje, genera funcionalidad, nada más. Cuando los resultados son buenos, cuando el modelo cumple objetivos, ¿por qué cambiarlo? En este patrón de pensamiento se teje la mayor parte del conflicto. Porque en algún momento las cosas dejan de funcionar, los objetivos no se alcanzan.

En el aprendizaje del que estoy hablando, que tiene una naturaleza orgánica, las cosas están en un flujo constante, como el agua en un río, hay siempre posibilidades emergentes. Esta fuerza creativa no necesariamente incorpora competencias, se trata de un aprendizaje que muestra algo inédito de mí mismo o del mundo. Un aprendizaje orgánico frente a un aprendizaje instrumental va a significar que voy a conocer algo de mí mismo, que voy a expresarme y eso implica condiciones de riesgo, condiciones creativas. ¿Cómo podemos activar ese contexto? Es aquí donde aparece el diálogo, la escucha, lo emergente, la interacción... aparece algo fundamental, que es la diversidad. Vivimos en un mundo hiperespecializado y la especialización no pertenece al domino del conocimiento, sino al dominio funcional. Necesitamos personas muy competentes en su ámbito y muy versátiles. En la medida que la persona pueda desarrollar competencias versátiles, entonces esa especialización va a ser creativa, eficiente, innovadora, generativa.

Ruiz de Oña: Escuchándote estaba pensando en el fútbol como un deporte de equipo con situaciones de carácter abierto, amplio espacio de juego y gran número de jugadores, que reclama permanentemente una alta capacidad de adaptación para resolver las situaciones que plantea el juego; teniendo en cuenta, además, la desaparición paulatina del jugador especialista, restringido. Se busca un jugador más universal y polivalente, capaz de participar con eficacia en diferentes fases del juego y zonas del campo.

Etxebarria: Para conseguir esa adaptación del aprendizaje, en relación a lo emergente, ¿dónde queda lo aprendido por la experimentación? Hay que entender que las cosas se pueden hacer de otra manera, que hay nuevas maneras de hacer, siempre tratando de bajar al suelo, a lo concreto, invitando a experimentar en ese aprendizaje, a verlo desde otro prisma.

García de Andoín: Ahí, tenemos que entender muy bien, de qué manera, cómo vivo yo ese proceso de aprendizaje. ¿Abriendo el campo de aprendizaje o cerrándolo? Porque puedo declarar mi alianza con un aprendizaje dinámico, cuando mi práctica dice todo lo contrario, entonces aparecen las rutinas, cansancio, desinterés, voy a hacer lo mío y cada uno que haga lo suyo, o juego a no cometer errores...

"El aprendizaje como movimiento vital. Necesidad de entender que siempre hay nuevas maneras de hacer".

Ruiz de Oña: El fútbol, en general, tiene un discurso muy cerrado ante lo nuevo, lo diferente, quizás por la inmediatez, por la necesidad de resultados o por el miedo a hacer algo diferente.

García de Andoín: No estamos hablando de romper las leyes del juego, de jugar sin portería. La innovación es algo que sucede en otro terreno y tiene que ver con mantenerse en condiciones permanentes de curiosidad, de interés por mí, por ti, por la institución, por el grupo. Y eso supone crear un diálogo que me permita entender cómo estoy viviendo esto, de qué manera estoy aprendiendo de lo que hago, de qué manera las acciones que tomo me permiten abrir mi propio campo de experiencia o me acoto en un terreno de seguridad. El foco está en cómo yo estoy participando del aprendizaje y esto no significa jugar sin portería.

Tu modo de estar en el campo, tu modo de comunicar, de relacionarte y quizás las posibilidades de generar algo en un momento determinado están abiertas. Creo que desde ahí, todo el conocimiento instrumental se actualiza. Moshé Feldenkrais dice: "Primero se sabe y luego se aprende ". El saber es algo que está en el potencial de todas las personas. Esta capacidad se actualiza a través del aprendizaje y luego se modela en formas concretas. Lo concreto en la práctica deportiva es muy importante, formamos parte de un equipo, aprendemos estrategias de juego y en un momento todo eso puede cambiar, la red es distinta e incluso los matices tan importantes también lo son. ¿De qué manera puedo vivir ese cambio? ¿De qué manera ese saber lo puedo llevar a que se convierta en un aprendizaje? Por supuesto que tengo que crear contextos, tengo que crear un entorno donde vivir en esta capacidad de aprender, en esta relación donde lo emergente sea una identidad. Por supuesto, no se trata de una abstracción, de una idea romántica, sino de una capacidad que genera una acción. Dice Aristóteles que el saber

es acción y nosotros hablamos de un conocimiento vital, activo y que puede evaluarse.

¿Estas acciones de conocimiento qué valor tienen? ¿Qué tiempo les dedico? ¿Qué conclusiones? ¿Cómo las capitalizamos? ¿Cómo estamos facilitando el emerger de este conocimiento? ¿Qué espacio tiene en nuestras rutinas? A menudo tenemos una valoración alta de todas estas competencias, cuando en realidad ocupan un papel secundario o están simplemente reducidas a prácticas motivacionales de dudosa eficacia.

"La persona como protagonista fundamental del aprendizaje más allá de los contenidos".

Yo creo que hoy es parte de la función de un psicólogo deportivo gestionar el espacio de aprendizaje y mantenerlo en una línea de vigor, coherente, clara. El psicólogo debe detectar cuándo estos espacios se bloquean y conducir de nuevo al jugador y al entrenador a un entorno de aprendizaje, de escucha, de interacción.

Ruiz de Oña: Hay veces que nos encontramos con entrenadores que centran su función en gestionar y no hay espacio para el aprendizaje. Tú puedes ser un gestor que administre muy bien los valores, el capital, que te pongan para gestionar y que lo hagas creando un espacio de aprendizaje. O puede ser un gestor emocional. Y esto son prácticas, estrategias construidas.

Etxebarria: ¿No hay espacio para el aprendizaje? Me resulta difícil creerlo. Porque en entornos que son más hostiles, y que son espacios de construcción, como puede ser un equipo de fútbol, sin un mínimo de aprendizaje, difícilmente creo que consigas tu objetivo.

Ruiz de Oña: No creo que haya consciencia de eso, de aprendizaje. Claro que aprenderán algo. Pero no creo que haya consciencia de que se genere esa autonomía en el jugador que le lleve a decir: "Necesito aprender esto" o "necesito pedir *feedback* para ver cómo voy en mi rendimiento".

Etxebarria: El matiz es la nueva apertura a aprender. Si no haces un aprendizaje, se hace otro, porque como seres humanos que somos cada acción es un aprendizaje. Hagas lo que hagas el aprendizaje está ahí, lo que no hagas también es aprendizaje, hagas lo que hagas, aunque explícitamente no haya un espacio de aprendizaje, el jugador va a

aprender: la rutina, la técnica, el hacer las cosas así, el heredar las cosas. Cuando el jugador entra en un club y está 10 años, algo aprende: puede aprender a no cuestionarse, a no tomar decisiones, pero eso es lo que ha aprendido.

"Los espacios para el aprendizaje siempre existen, cada acción ya es un aprendizaje, aunque muchas veces el aprendizaje no se ve".

García de Andoín: En el momento que el entrenador dirige un equipo está creando un entorno de aprendizaje. Que actúe en el sentido contrario a lo que estamos planteando significa que crea un modelo de no aprendizaje. Mi no acción es una acción. Este modelo de aprendizaje nos lleva a no acciones que cosifican, el jugador se instrumentaliza si realmente no generamos un aprendizaje en el que el jugador sea consciente de lo que hace, cómo lo hace y para qué lo hace.

Es muy habitual en el entorno profesional declarar que no hay tiempo, que cada uno tiene su libro de estilo, que la competición no permite este tipo de aprendizajes. Siempre en estos casos, el jugador está aprendiendo algo, está aprendiendo a no aprender.

La clave es llevarle a que lo identifique, hacerle ver que esto que se quiere reflexionar no tiene otro sentido si no es dentro de su día a día; de otro modo, estamos perdiendo el tiempo. Cuando realmente hay un aprendizaje sobre el juego, este aprendizaje está ligado a cómo interpreto las relaciones, el mundo que vivo, en definitiva, cómo me veo a mí mismo.

En el deporte, como en otras organizaciones humanas, se entiende que detrás de un jugador hay una persona y se trata de dialogar sobre esta realidad: la persona que sostiene el jugador. Vivimos en un mundo, no sólo en el deporte sino en la educación, donde lo importante no es la persona, sino los contenidos, los resultados. Sin embargo, ese mundo está en crisis. La ciencia también se encuentra en esta diatriba. Los modelos enfocados a la predicción y el control; aquí se invierte la mayor parte de la actividad científica. Son dos visiones que se encuentran en las antípodas. Sólo el primer modelo aporta saltos cualitativos a una civilización. Nosotros quizás seamos la primera generación que entienda que es imprescindible que la persona no se rompa, que el jugador no se escinda en su desarrollo como persona. Y lo que el jugador va a exigir mañana, lo que seguramente va a ser importante a la hora de tomar decisiones profesionales tendrá que ver con los lugares que no solamente le permitan desarrollar una competencia, sino desarrollarse personal y vitalmente. Es aquí donde el aprendizaje activo tiene que encontrar su lugar natural. Eso va a tener consecuencias efectivas en el modo ins-

trumental en el que nosotros desarrollamos el juego. Somos testigos, constructores de un juego, sin ninguna duda, y desde el punto de vista de la metodología y la técnica, del mismo modo que en un momento surge alguien como Cruyff, que se atreve a cuestionarlo todo, van a aparecer, quizás están apareciendo, profesionales con una nueva lectura del juego. No solamente es importante ganar, también lo es cómo, de qué manera, transmitiendo qué...

"Para crear la necesidad de entornos de aprendizaje, en primer lugar tenemos que ser conscientes de esa misma necesidad".

Ruiz de Oña: ¿Cómo podríamos profundizar lo que yo no sé?

García de Andoín: Para ser capaz de relacionarte con lo que no sabes, por ejemplo, de ti mismo, con lo que no sé de mí, tiene que haber un interés sincero y hay que cultivarlo. Si hay interés, está la capacidad para aceptar que hay muchas cosas que no sé, y ese saber y en esa relación hay un poder creativo enorme. Ese interés, y esa apertura, es lo que permite ensanchar mis horizontes. Mientras cuando lo que no sé, no está soportado por un interés sino por un resultado, este no saber se convierte en una amenaza, porque lo que sé pone en riesgo mi capacidad, mi competencia, mi capacidad de generar resultados.

Etxebarria: Pero ¿esto se entrena?

García de Andoín: Hay que crear entornos, y esto es lo que a veces no sabemos hacer. Yo creo que para crear entornos de aprendizaje tenemos que saber muy bien, primero, a nivel individual, qué nos desconecta del aprendizaje. Comprender cómo construimos nuestro mapa vital. Este mapa se oculta por el miedo, por la desesperanza, el escepticismo, la frustración.

Etxebarria: Es lo que yo quería decir, ¿se puede entrenar? Sí, pero primero hay que ser consciente de esto. A partir de ahí, se puede crear un lenguaje para que el entrenador abra horizontes. Cómo es la reflexión de ese último partido, cómo me enfrento a él, tanto si he ganado como si he perdido, cómo lo miro con todas estas claves. Primero tiene que sostenerse en algo propio, en mí mismo: "Quiero hacerlo", "el miedo pesa mucho, "si yo no sé hacer otra cosa, si no me ha ido tan mal con lo que ya sé...".

Ruiz de Oña: ¿Qué función tiene el miedo?

García de Andoín: Como emoción, es una emoción incómoda y como incómoda que es, te está empujando, es decir, es una de esas fuerzas que te impulsan. Puedes seguir una inercia y bloquearte, es decir, moverte hacia tu propia seguridad, tus creencias, o aprovecharla para abrir horizontes, porque es una voz que está revelando algo. Como energía, es una energía que genera, no pertenece al universo de "mira, qué bien que me pase esto". No, forma parte de otro saber y por ello nos cuesta aceptarlo. Sin embargo, son energías tremendamente incitantes.

Ruiz de Oña: O sea que el miedo nos ayuda.

García de Andoín: Imagínate un alpinista que no tuviese miedo o que sólo tuviese miedo. Si sólo tienes miedo, no eres un alpinista, pero si no tienes miedo, te vas a matar. El miedo es una fuerza magnífica para aprender. ¿Qué haces cuando tienes miedo? Saber más de montaña, ver cómo estás, prepararte, escuchar mejor.

Ruiz de Oña: Cuando hablamos de riesgo o del miedo me viene la idea de la necesidad de control...

García de Andoín: Claro, este es un tema importante, hay una incertidumbre que no tiene residuo, que no deja huella, como, por ejemplo, ciertas decisiones que no puedes tomar porque no están en tu mano, no sabes si mañana vas a estar o no en el equipo titular, tú has puesto todo lo que podías poner, estás teniendo un buen rendimiento, pero en ese momento tu función es estar sentado en el banquillo y tu papel tiene que estar ahí, vives con esta incertidumbre, pero no hay otras cosas. Se puede asumir esa incertidumbre y aportarle valor, por ejemplo, estar sentado en el banquillo y ser un elemento activo de calor, fuerza de comunicación, de pasión. Estás jugando el partido, pero desde otro sitio. Y luego está la otra incertidumbre, la incertidumbre de si ya no van a contar conmigo o si no voy a volver a jugar, se acaba mi carrera. Ésa es otra historia y aquí intervienen sensaciones de miedo, de fracaso, de rabia. Y no siempre va a aparecer alguien que te de un abrazo o que te diga "eres importante en el equipo", por ejemplo.

Ruiz de Oña: A veces ante esta situación, y otras, respondemos como víctimas y no reaccionamos hasta que alguien nos da un abrazo.

García de Andoín: Sí, es cierto, la educación tiene que dotarnos de recursos para no tener que esperar esa figura salvadora que nos dé el abrazo. Nosotros tenemos que liderar nuestros propios abrazos, esto es lo que realmente nos empodera y eso implica capacidad de mirar con esa mente de principiante sin tópicos, de educarnos, de alfabetizarnos emocionalmente. ¿De qué manera puedo mirar de otro modo sin el esfuerzo de la memoria, sin autoengaños? Escuchar de un modo completo y luego dialogar. Un diálogo activo, inteligente. Un diálogo que lo abarque todo: ¿Cómo entreno? ¿Cómo compito? ¿Cómo comunico con el equipo? No se trata de crear una escuela sobre todo esto que hemos compartido aquí en este capítulo, una escuela sin procedimientos, sino de crear una visión, una visión es mucho más importante, lo que hacemos es ampliar el campo de visión, luego cada actor lo administra, lo interpreta, se equivoca y vuelve de nuevo. Si tienes esa mirada abierta, es más fácil de entenderlo. Quizás no sabes qué hacer con esto, cómo interpretarlo y este es un buen comienzo, el mejor de todos para poder aprender.

Es importante que nuestra mente esté informada, aceptar el riesgo de mirar de un modo nuevo, distinto, escuchar sin defensa la resonancia de las cosas, nuestra intuición. Este conocimiento no se adquiere con slogans, una tarde de tres a siete en un juego de rol o con una charla motivacional. Se trata de un conocimiento vital, construido de un modo serio, inteligente y crítico. Con un lugar y un peso específico en la metodología de trabajo, en las interacciones. Es aquí donde desarrollamos este aprendizaje orgánico que acoge todo el potencial de lo emergente.

Capítulo 14

El futuro emergente en el deporte de alta competición

Sito Alonso, Jorge Dueñas, Javier García de Andoín, Ernesto Valverde y María Ruiz de Oña.

Hacia dónde vamos y qué es lo que está emergiendo. La comprensión de la incertidumbre y la complejidad en los procesos de desarrollo de las personas. ¿Cómo lo nuevo, lo diferente está entrando en el mundo del fútbol? ¿Cuál es la función del cambio y cómo lo afrontamos en el mundo profesional? ¿Cómo esto afecta a nuestra labor como psicólogos, entrenadores, coordinadores?

Al finalizar el diálogo con Iñigo Etxebarria y Javier García de Andoín surgió una gran pregunta: ¿Qué habilidades necesita el entrenador para abrirse a lo emergente?

María Ruiz de Oña: Hay muchas maneras de acabar un entrenamiento o un partido. Unas veces cortamos por lo sano, "de hoy no hay nada que decir"; otras salimos cabizbajos, desorientados e incluso perdidos; otras, llenos de euforia, pletóricos... todas son válidas si van acompañadas de un espacio de cuestionamiento. Es ese momento en que me surgen preguntas: ¿Por qué? Y si hubiéramos... ¿Hemos competido? Sin embargo, hay una pregunta que para mí no puede faltar en este momento de autorreflexión: ¿Qué había que no he visto? Esta pregunta abre otros espacios diferentes dónde mirar y sobre lo qué reflexionar tras una competición o una temporada. ¿Cómo aprendemos a mirar o a escuchar lo emergente, aquello que está pero no se ve? ¿Cómo me relaciono con ello?

Javier García de Andoín: Miramos desde nuestro marco de referencia, escuchamos aquello que concuerda con nuestras creencias y guiones vitales, aprendemos desde experiencias pasadas... Nos comportamos

como si estuviéramos mirando al futuro por un espejo retrovisor. Nos negamos a mirar al frente. Por inercia o rigidez nos resistimos a saltar a nuevos escenarios.

Nuestra forma de pensar es lineal y secuencial. La dimensión cuántica no responde a cosas reales, sino a miradas de posibilidades, de incontables realidades. Lo real puede ser controlado, lo posible debe ser deseado, inspirado y creado. ¿Qué espacio queda para lo intuitivo, oculto, nuevo o diferente? ¿Qué espacio dejamos para lo emergente? Lo emergente tiene lugar en el presente, tiene que ver con lo que no sé, que está pasando, con lo que está latente, aquello que en nuestro día a día como entrenadores está pero no se ve. Lo emergente tiene que ver con el "ojo de principiante", dispuesto a mirar las cosas como si fueran nuevas. ¿Estamos dispuestos a mirar las cosas como entrenadores como si fuera la primera vez?

Ruiz de Oña: ¿Cómo los entrenadores nos encontramos con el cambio en el día a día? Por ejemplo, cuando vemos que un jugador tiene que cambiar algo.

Ernesto Valverde: La verdad es que es muy difícil esto, el futuro emergente. Bueno, vamos a ver, hay una cosa que está clara: lo que nos atañe a los entrenadores, sobre todo a los de fútbol, es el presente. Nos preocupamos mucho del presente, al final siempre estamos pendientes del día a día, puesto que nos va mucho en ello, porque siempre que pensamos inconscientemente en un poco más allá, tendemos a volver a la realidad, al presente, porque como pierdas el domingo te vas a ir a la calle. Pero en el fondo, nunca trabajamos sólo para el presente, sino también para el futuro, para tener un modelo de juego que en el fondo queremos que permanezca y que dure en el tiempo. Ya no solo trabajamos para ganar el partido siguiente, sino que estamos permanentemente pensando en cómo podemos mejorar lo que estamos haciendo, no sólo para ganar el partido más cercano, sino para tener posibilidad de obtener buenos resultados continuamente. En el fondo siempre pensamos en el futuro y en los años que puedan venir, aunque luego no sabemos si estaremos ahí o no. Es muy difícil para mí plantear el juego desde el punto de vista exclusivo de ganar mañana o pasado mañana. Siempre hay tareas durante la semana para afrontar el rival, pero en el fondo lo que tratas siempre es de que haya algo permanente que identifique a tu equipo y que dure. Por esto, en el fondo estás pensando en el futuro y en lo que va a venir.

Ruiz de Oña: Sito, cuando hablamos del cambio ¿A ti qué te llega?

Sito Alonso: Una de las cosas que me estoy planteando es el cambio total de la mentalidad que tengo. Lo estoy haciendo a través de los jugadores, ¿me explico? Antes y sobre todo en el baloncesto profesional era y es bastante más sencillo tener conocimiento del jugador que te va a venir, qué características tiene a nivel mental y qué resultados han sacado otros entrenadores a través de esta mentalidad que tiene el jugador. En todo esto me he dado cuenta de que a veces condiciona las reflexiones que yo tengo que hacer sobre este jugador o la actitud que voy a tomar con él antes de conocerlo. Entonces, hay una cosa fundamental que quiero hacer, que lo he hecho ya en un año, que es resetear toda mi mente en cuanto al jugador que puede llegar, cambiar a medida que el jugador me va enseñando la manera que él quiere ser conmigo.

Antes, esta condición no la podía trabajar porque ya sabía los condicionantes anteriores de otros entrenadores, ahora tengo en cuenta si tiene antecedentes malos, pero no me condiciona a la hora de tomar una decisión. Entonces me preparo para que ese enfrentamiento diario que tengo con el jugador me obligue a cambiar inmediatamente en función de las respuestas que me da y de las respuestas que él me está ofreciendo ante mis actitudes, ante las actitudes del rival, compañero, e incluso de las preguntas que me hace para que yo cambie mi manera de entrenar con él. Creo que esto con varios jugadores me ha venido muy bien, porque he conseguido tener mi mente rápida y en cambio constante, en función de lo que él me está ofreciendo y no tener mi mente vaga en función de lo que me estaba condicionando anterior a su conocimiento.

Ruiz de Oña: En un contexto de selección, ¿Qué lugar tiene el cambio?

Jorge Dueñas: Precisamente creo que es muy diferente estar en el día a día que llevar una selección, entendiendo que la dificultad es mayor en la segunda porque venimos cada uno de los hábitos de sus clubes. Creo que cuando nos situamos en la realidad que estoy yo ahora, que es la de llevar un equipo que lleva ya una cierta tendencia de trabajo, los cambios vienen muchas veces condicionados por situaciones que vemos diferentes sobre todo cuando se dan o no resultados. Yo entiendo que estos tienen su importancia cuando estamos en alto rendimiento y sabiendo la transcendencia que tiene ese resultado con respecto a lo que puede suceder. Los cambios que se pueden dar en una situación de selección son, sobre todo, cuando los resultados no son tan positivos. Es muy difícil cambiar cosas o cambiar cosas cuando los resultados van bien y, sin embargo, cuando las cosas van mal, los cambios aparecen más fácilmente y hay mayor recepción de las jugadoras para mejorar.

García de Andoín: Cuestionarse si las cosas cambian o no es absurdo. Todo está cambiando permanentemente, los cambios que yo no aprecio me van a pasar factura. Aquello que yo no aprecio que está cambiando, antes o después, me va a hacer pagar un precio. Lo importante es el diálogo que yo tengo en ese proceso de cambio con ese futuro. La idea del futuro es una idea que nos educan desde pequeños: a pensar en el futuro, somos esclavos del futuro. El futuro es un tema muy importante para un jugador. A veces piensa más en el futuro, en su futuro, que en lo que está pasando ahora y toma decisiones en función de ese futuro. Estas son las famosas agendas ocultas que tenemos todos y que están muy a la orden del día en la actividad profesional.

¿Cómo dialogo yo con ese futuro? Esa es la cuestión. Algunos de nosotros dialogamos para encontrar un lugar dentro de un territorio, yo quiero un lugar en este territorio o mejorar el lugar que tengo y entonces leo el futuro en función de este diálogo, en función de cómo estoy mirando esta realidad y construyo un mapa mental. Por ejemplo, el gran titular de este mapa es: "Fútbol es fútbol". Este es el *best seller* de este mapa que en el fondo no mira fútbol, sino que es cómo usted vive el fútbol y cómo usted lo interpreta, porque ¿el fútbol se puede levantar y decir algo? El fútbol son ustedes, cómo lo interpretan, cómo lo leen, la capacidad que tiene de leerlo. Normalmente heredamos algo y construimos algo desde esa herencia, pero solo es vivo en la medida que ustedes lo están leyendo, y esto no es sólo del fútbol. Es una inteligencia tremendamente dinámica, que algunos se empeñan en entorpecer. Lo dinámico supone correr riesgos y supone mirar al futuro con muchísimo interés. Se puede leer el mapa, yo hoy estoy aquí, en este lugar, he hecho un trabajo, pero cómo lo desarrollo... El *best seller* de estos lectores del futuro está lleno de interrogaciones, generalmente son lecturas del futuro mucho más sinceras cuando ya estás dentro y conoces de que va esto. El mapa no es el territorio y los mapas son más pesados, están en nuestra cabeza y a veces hay que cerrar los mapas para conocer el territorio. Solo si conocemos el territorio podemos relacionarnos bien con el futuro y eso implica comprender y reflexionar de un modo integral.

Ruiz de Oña: Cuando trabajamos con los jugadores y vemos la necesidad de un cambio nos encontramos con barreras, creencias que necesitamos gestionar. Para mí, ese es uno de los trabajos del entrenador. Sito, ¿cómo haces todo esto? ¿Cómo gestionas cuando ves que un jugador debe mejorar algo?

Alonso: Porque como has comentado al principio, para ir al futuro emergente tenemos, que bloquear absolutamente el pasado porque nos condiciona y lo llevamos arrastrando. Si conozco el territorio es porque tengo un pasado, una experiencia y entonces estoy generando un

cambio en función de lo que me ha pasado antes. Así, olvidarlo del todo es difícil. Otra cosa es que no condicione e intento generar un futuro emergente, pero olvidar del todo el pasado es absolutamente imposible.

Ruiz de Oña: No es olvidar, sino ordenar. Que el pasado esté en el pasado y eso sujeta. Cuando traigo el pasado al presente puedo cerrar puertas.

Valverde: Esto del mirar al futuro está muy bien, pero en el fondo lo que queremos es permanecer en la memoria de la gente. Significa que queremos que la gente nos recuerde, queremos conseguir unos resultados, un estilo, algo que no haya hecho nadie en cierta medida, pero somos entrenadores y no nos conformamos con pasar inadvertidos. Nuestro objetivo es otro, queremos que la gente disfrute, ¿cómo queremos que nos recuerde en un futuro la gente cuando mire al pasado?

Alonso: Yo ahora tengo una metodología. Primero, no intento cambiar a los jugadores porque creo que desde mi punto de vista es un error. Entonces lo que hago es que estén cómodos y entiendan el porqué los he fichado, porque si quiero cambiarlos desde el principio, desconfían de lo que han venido a ofrecerme.

Ahora, acabada la temporada, la primera reflexión que yo hago en una pizarra es poner dos apartados diferentes: uno, las cosas que tengo que cambiar del pasado, las cosas que yo he vivido este año y que me han generado problemas y dudas importantes que quizás no he sabido resolver de la mejor manera posible; dos, qué es lo que me tiene que ocupar todo el verano. Es una columna donde hay cosas que no he hecho nunca y que tengo que obligarme a hacer y que para mí es mi futuro emergente.

Lo que sí es verdad es que no puedes correr riesgos innecesarios intentando reinventar todo tipo de cosas, porque el jugador al final tiene una base de trabajo y no puede todo el rato estar regenerándose en cuanto a cosas complicadas. Pero mi objetivo es llamar la atención del jugador. No le pido que cambie, pero voy a hacer diferentes cosas para que él se pregunte: "¿Esto qué es?". A veces, cuando hay una cosa nueva, tú lo obligas a cambiar, pero de una manera no dictatorial del lugar que está muy tranquilo en la zona que domina. Ahora, si él cree que eso le funciona, lo va a probar, quizás lo acabe haciendo. Por ejemplo, si tú le dices: "Entra por la derecha con los pasos derecha-izquierda". Él te va a decir: "¿Por qué? ¿Quién ha dicho que eso es lo mejor?". Es importante tener argumentos convincentes.

García de Andoín: Estamos evitando crecer.

Ruiz de Oña: Javier habla de deseos, desear cambiar, los entrenadores debemos manejar deseos de los jugadores.

Valverde: Tenemos que manejar todo eso, lo que hablaba antes Sito. Cuando quieres que el jugador cambie algo, mejorarlo, queremos que entienda que le queremos ayudar. Lo que queremos es convencerle, de que lo que le decimos es lo mejor. Somos un poco esclavos del sistema educativo que hemos tenido. Al final, los profesores parece que están siempre evaluando, pero luego se nos olvida todo, queremos ayudar al jugador a aprender y que además piense que lo que le decimos es lo mejor. Crear un vínculo afectivo, separando los roles de cada uno, para llegar a él y cambiarlo. Que mejore en la medida que tú crees que tiene que mejorar. Llegar al jugador, llegar a sus deseos, quiere que le escuchemos, quiere jugar, quiere sentirse querido, como los entrenadores. Y esos deseos debes tenerlos en cuenta. En ese vínculo es importante que el jugador entienda que hay un interés mutuo.

Ruiz de Oña: Cuando hablamos de cambio hablamos de aprendizaje. Sito, ¿cómo ayudas a aprender a tus jugadores?

Alonso: Si yo estuviera en el otro lado, me gustaría escuchar ejemplos. Cuando analizas lo que haces durante el año, te das cuenta de que has fallado en muchas cosas. Lo que creo que es más difícil es saber cómo llegar a la honestidad de un jugador. El único objetivo del entrenador es que el equipo funcione bien y que tenga victorias. El jugador, además de eso, debe sentirse protagonista del éxito. Que los jugadores se sientan cómodos dependen de muchas circunstancias, relaciones interpersonales, de que tengan participación, de los resultados, de su rendimiento. A mí me gustaría llegar a la honestidad del jugador. Yo no me invento nada en la información que tengo de él. Yo tomo notas del jugador, de lo que hace, de lo que le interesa, de si saluda cuando pasa por delante de mi puerta. Cuando un jugador se vuelve y me dice: "Sito, voy a ser honesto contigo". Si esta conversación es al final de temporada, yo siento que he perdido todo el año. La cuestión es generar esas preguntas para que el jugador sea honesto contigo. A mí me interesa cómo puedo llegar a sentir que ese jugador me está diciendo la verdad. Que yo no haya sido capaz de saber la verdad, de llegar al fondo de ese jugador, no implica que sea culpa suya. Lo que me preocupa es cómo puedo encontrar la verdad.

Dueñas: Lo de la honestidad es evidente. Da la casualidad de que yo trabajo con mujeres. Es todavía más claro lo de la honestidad. En todos los equipos se dice que hay tratar a todos por igual, pero eso no es cierto. Al final, no se le trata igual a Messi que a otro jugador. Generar ecuanimidad y honestidad dentro de grupo es fundamental, porque si no lo eres, en algún momento se te va a volver en contra. En el mundo del balonmano femenino es aún más importante. Yo tengo casos de jugadoras que recuerdan después de dos años el partido donde las dejé calentando sin sacarlas a jugar. Debemos ser honestos y legales con nuestro grupo de trabajo.

Valverde: Podríamos contar cantidad de cosas de este tipo como las que ha dicho Sito. En el fondo lo que pretendemos siempre los entrenadores es ser efectivos, ser eficientes con los jugadores. Tocar esa tecla en la que el jugador sea perfectamente consciente de que lo que le dices es un beneficio para el jugador y para el equipo. Cambiar las actitudes es complicado. Charlas con los jugadores para que se cumplan hábitos, los cambian durante una semana pero luego vuelven al mismo punto de partida. Al final, firmamos a los jugadores por el talento y potencial que tienen, pero eso no se ve reflejado en el campo, porque su forma de entender el juego y entender la vida no le ayuda a alcanzar esa potencialidad. Y yo no tengo respuesta para ese problema.

Ruiz de Oña: Hablamos de cómo llegar al jugador. Y cuando lo intentas, hay veces que encuentras barreras, encuentras filtros.

Alonso: Nosotros miramos al jugador como el último culpable de un problema o un resultado, primero miramos cómo nos hemos comportado nosotros, cómo hemos gestionado. Los que queremos cambiarnos para mejorar somos nosotros. Este año hemos cometido otro error: cuando llegas a un equipo que el año pasado ha tenido mucho éxito, tienes jugadores del año pasado y otros nuevos. Durante el primer mes intentas que los nuevos se empapen del juego del año anterior, pero yo me he dado cuenta de que esto no siempre puede ser así. Muchas veces, los tres o cuatro jugadores que se han ido eran el 80% de la esencia de ese equipo. Cuando intentas poner de ejemplo a los que quedan, puede ser que estos no tengan la confianza suficiente para demostrar lo que les pides. Esa identidad a veces tiene que tener pequeños giros, porque no tienes la capacidad de fichar jugadores. Hay que cambiar pequeños detalles de esa identidad. A principio de temporada tengo una reunión con los entrenadores de ACB, pienso que cada año me conocen

más y mejor, y si no cambio, si no mejoro, ellos van a adaptarse mejor a mí y para mí va a ser más difícil superarles. Cuando hablo desde el corazón, hablo mejor inglés, por ejemplo, que desde la tranquilidad. A veces las cosas que salen de adentro, sin pensarlo mucho, salen mejor, dices lo que realmente quieres decir.

Ruiz de Oña: Tenemos que investigar y trabajar todos los días con aquello que está pero no se ve.

Valverde: En baloncesto hay más cambios de jugadores habitualmente. En nuestro club, el 80% de la plantilla siempre se mantiene, hay pocos cambios y los nuevos jugadores muchas veces proceden de equipos inferiores. Eso facilita muchas cosas, pero a cambio, dificulta otras. A mí hay algo que me está comiendo la cabeza, será mi cuarto año con muchos de ellos, lanzando mismos mensajes, teniendo un estilo de juego similar y con unas consignas que nos repetimos muchas veces. Con cuatro años de los mismos mensajes, dejas de sorprender a los jugadores, y tú quieres sorprenderles, ellos tienen que ver una evolución en tus mensajes, en tu juego.

Ruiz de Oña: Está saliendo el tema de la incertidumbre, lo que necesito cambiar.

García de Andoín: Hemos hablado bastante de la incertidumbre. Hay momento en la gestión del equipo en la que necesitamos un plus para conocer mejor al jugador, el psicólogo de equipo está para eso también. Quería reivindicar el papel de los psicólogos. Cada año tú (Ernesto) dices: "Tengo que cambiar las cosas, cómo puedo dar un salto, qué incorporo a mis ideas". Probablemente está todo inventado y la genialidad es ser capaz de repetir algo en el momento justo. Muchas veces la gente no sabe lo que quiere, la gente tiene deseos, tiene apetencias. En el ser humano, el deseo siempre tiene deseos. Esto es un compromiso de la mirada. Y abrir ese espacio hacia mí mismo. Decía Ernesto que el objetivo es que a un equipo se le recuerde, y estoy seguro de que a él le vamos a echar en falta. Que se queden con una reflexión suya, que se cuestionen todo. Los jugadores engañan al entrenador, porque no saben por qué deberían confiar en él. Ellos no creen que tengan que ser sinceros porque no sienten que el entrenador les necesite a ellos.

Ruiz de Oña: De todo lo que hemos ido hablando, ¿con qué te quedas para ti?

Dueñas: Lo primero que quería comentar es la inquietud que tienes por cambiar cosas cuando llevas tiempo con un mismo grupo. Aunque tengas resultados, quieres cambiar y seguir creciendo, seguir aprendiendo. Ese entusiasmo por estar aquí, es fundamental para el entrenador. Fundamental para que sigamos siendo competitivos como entrenadores. Los resultados son efímeros, aunque los tengamos, tenemos que seguir creciendo para seguir manteniéndonos. El destino de la humanidad depende de la capacidad que tengamos de asumir el desafío frente a los nuevos modos de ser, sentir, actuar.

¿Qué elementos hay en lo emergente? Dinamismo, cambio, posibilidad, incertidumbre...

¿Qué habilidades necesita el entrenador para acoger lo emergente? Mirar, intuir, atrevimiento, aprendizaje, mente de principiante...

Capítulo 15

Las relaciones

Iñigo Etxebarria, Marcos Mansur

"Cuando dejamos de lado, o no somos capaces de crear vínculos de confianza con nuestros grupos de interés, ponemos en peligro el éxito de todo un proyecto".

Valentín Giró y Carlos Trenchs.

1. Introducción

El éxito del entrenador depende del lugar interior desde donde uno decide y actúa. Se trata de reflexionar sobre uno mismo en su contexto profesional y conocer qué hay en ese lugar desde el cual decido y actúo. A todo esto le llamamos en este capítulo las relaciones con uno mismo.

Cuando hablamos de relaciones con los demás, entendemos que el rendimiento del jugador depende en muchos momentos del tipo de relaciones que genera el entrenador, de la profundidad o superficialidad de ese contacto. El entrenador y el jugador intercambian miles de contactos, pero ¿cuánto de real y cercano hay en esos contactos?

Por último, en las relaciones con el equipo, sabemos que si los jugadores o componentes de un equipo no tienen la capacidad de reflexionar sobre sí mismos y sus acciones, el equipo tampoco la va a tener. Muchos entrenadores tienen la idea de que se puede trabajar a nivel macro sin desarrollar competencias micro.

La naturaleza social del ser humano determina la necesidad de unirnos para sobrevivir, sentir pertenencia, conseguir nuestros objetivos y deseos, crecer, evolucionar. Los vínculos que tejemos, las redes de relación que construimos con las personas que nos encontramos en nuestro camino son el eje vertebrador que permite desarrollarnos individual y colectivamente, aunque también suponen estadios de estancamiento o sensaciones de involución.

Esta unión de personas con objetivos comunes adopta a lo largo del tiempo distintas formas y, especialmente, al objeto de lo que ahora nos interesa, distintos significados. Muchas veces, podemos pensar que el significado es similar, pero lo que es cierto es que existen matizaciones que los diferencian claramente.

La cuestión de la relación no es si somos o no somos afines, es si esta relación nos permite crecer colectivamente, nos permite crear espacios de aprendizaje común, dar significado a lo que hacemos y generar cosas, crear un equipo: ese es el paradigma de lo que estamos hablando. Otro elemento clave en las relaciones tiene que ver con la alfabetización emocional, es decir, hay que identificar las emociones, saber lo que me pasa, poderlo expresar, controlarlo. Las emociones tienen su momento oportuno y es en el momento y química de esa alfabetización donde estoy generando una comunicación emocional efectiva. ¿Qué pasa en mi experiencia vital como entrenador si me sitúo desde la rabia, desde el miedo, desde lo que falta? ¿Qué pasa en mi experiencia vital como entrenador si me sitúo desde los recursos que tengo, desde la oportunidad de desarrollo que puedo encontrar en cada reto que me toca afrontar?

2. Relaciones con uno mismo

> "La única relación real y verdadera es la que mantenemos con nosotros mismos, pues nadie más puede conocer nuestras motivaciones más profundas. Todos nuestros vínculos afectivos son un reflejo de la relación que mantenemos con nosotros mismos".
>
> Jiddu Krishnamurti.

En nuestro proceso de maduración como personas, como profesionales, para entender la forma en que nos relacionamos, resulta primordial comprender las motivaciones individuales, conscientes o inconscientes, que guían estos vínculos. Pueden ser motivaciones utilitaristas, resultadistas, altruistas, de reconocimiento, aprobación, seguridad.

Un primer paso que nos ayuda a comprender este mundo motivacional es detenerse un momento y reflexionar sobre uno mismo. Hacerse preguntas sinceras respecto a nuestros deseos profundos a la hora de

formar vínculos de amistad, de pareja, de trabajo. Analizar qué peso tienen y lo que subyace detrás de lo aparente a primera vista.

¿Cómo me relaciono conmigo mismo como entrenador? Las relaciones con uno mismo implican autoconocimiento, dedicar tiempo en la propia interacción a escucharme, a ver cómo respondo a las diferentes situaciones que se me plantean. ¿Qué me está pasando? ¿Qué me dice esto a mí como entrenador? ¿Qué tiene que ver esto conmigo? Además, tiene que haber espacio para el conocimiento del otro (del jugador) y de mi realidad: ¿Cómo lo estás expresando?

2.1. Recetas fáciles. Herramientas versus desarrollo de personal

Queremos mejorar nuestros resultados, ganar, cumplir nuestros objetivos y entendemos que la mejor forma de hacerlo es a través del trabajo en equipo. El mercado nos ofrece múltiples recetas y modelos que prometen fórmulas de éxito cortoplacistas que pasan de moda muy rápidamente. Y las preguntas vuelven a aflorar. Los modelos se reinventan mínimamente, nos prometen un nuevo modelo avanzado de liderazgo o gestión de equipos que nos permitirá tener un éxito rápido y duradero. Y al poco tiempo descubrimos que esta receta tampoco funciona y desaparece tanto la fórmula mágica como el propio gurú sin hacer mucho ruido, con poca o nula autocrítica.

Este ciclo se repite y es una búsqueda que no tiene final. Y no puede tenerlo, porque los contextos cambian a una velocidad de vértigo y las situaciones son únicas y diferentes cada vez. El contexto real que vivimos tiene aristas particulares y especiales que solo puede comprenderlas en profundidad la persona que las vive. Los modelos o métodos cerrados pueden ayudarnos en algún momento puntual, pero siempre son secundarios. Lo relevante es y siempre ha sido la persona que está detrás.

Las ideas que propondremos aquí sólo tienen la intención de plantear como debate alguna metodología básica, de sentido común, aunque no de práctica común, según lo que nos tocado experimentar. Seguramente hemos escuchado muchas ideas iguales o similares. Lo importante, como proponíamos, no son las ideas o las creencias, sino la experiencia directa de vivir en primera persona aquellas propuestas que intuimos alineadas con nuestras motivaciones internas. Lo importante es lo que nos mueve a actuar y el sentido que queremos dar a lo que hacemos y ofrecemos a nuestro entorno. Lo importante es mi historia, mi viaje y lo que estoy viviendo aquí y ahora. Lo importante es a qué le

pongo atención al día a día, a qué le dedico tiempo y esfuerzo (como entrenador).

En definitiva, las circunstancias de la vida que se presentan y las relaciones que establezco con las personas con las que interactúo son el mejor espejo para mirarnos, aprender y crecer: son las relaciones con mis jugadores las que me van a ir construyendo como entrenador, son las respuestas de los jugadores las que van a ir dando significado a esas relaciones y es el lugar desde donde me sitúo para esta relación la que me va a dar sentido a esa relación. Si me coloco como instructor, como padre o como amigo.

2.2. Múltiples significados

Dentro de todo este proceso de aprendizaje, una primera acción que nos ayudará enormemente a entender todo este complicado mundo de los equipos y las relaciones estriba en profundizar en el entendimiento de cómo cada uno de nosotros como individuos nos posicionamos ante el grupo.

Para ello resulta fundamental identificar lo que realmente el jugador, el equipo, significan para mí. Estos significados pueden estar cercanos o no a lo que entendemos por distintos grupos y cada uno de sus componentes. Y este es el primer aprendizaje, claro, entender que un jugador o un equipo pueden tener múltiples significados, motivaciones e incluso objetivos. El primer paso es el reto fundamental que supone identificar a cada uno de los jugadores en el grupo y no sólo al grupo como un reflejo colectivo de uno mismo.

Como entrenadores, entender nuestro rol en el equipo y, especialmente, en relación con esos múltiples significados que pueden existir, resulta un ejercicio básico para poder ejercer las acciones más adecuadas con cada uno de los componentes del grupo. Se hace difícil entender que seamos capaces de establecer una acción adecuada con respecto al grupo si no vemos la riqueza y complejidad de los distintos significados y si no identificamos las distintas acciones individuales que esos múltiples significados nos exigen.

Si no somos capaces de visualizar a cada uno de los individuos más allá del grupo, difícilmente podremos gestionarlo de manera adecuada. Si no vemos en cada uno de los miembros del grupo una amalgama de distintos sentimientos, frustraciones, experiencias y formas de ser, difícilmente seremos capaces de obtener lo mejor de cada uno de ellos. Y si no somos capaces de ver y entender que tendremos tantos significa-

dos de equipo como miembros tengamos en él, aún nos será más difícil conseguir alcanzar una visión común del equipo.

Significa esto que, ¿debemos incorporar todos los matices que cada uno de ellos puede aportar? Probablemente resultaría imposible hacerlo, pero lo que sí debiéramos conseguir es trabajar sobre ellos con cada uno de los miembros del grupo individualmente y con el grupo en conjunto, de manera que sean claramente identificados, entendidos y puestos en su lugar concreto, con el peso específico que cada uno deba tener en el grupo. Olvidarlos, intentar obviarlos o no tenerlos en cuenta es el primer paso para ir construyendo el camino al fracaso.

En muchas ocasiones podemos tener la tentación de aplicar el principio de autoridad también en este campo, especialmente con la premura de tiempo con que nos movemos y con las enormes presiones a las que solemos estar sometidos. Esto puede generar un primer impacto de aceptación gregaria, pero indefectiblemente al final será el embrión de un posible conflicto que acabará infectando a todo el equipo.

2.3. El impacto del resultado

Obviamente, y hablando de fútbol, el resultado se convierte en el eje central en muchas ocasiones en las relaciones entre el entrenador y el jugador y entre el entrenador y el equipo. Y aquí resulta fundamental respondernos antes qué significa realmente para mí el resultado. Para ello, trabajar en entender dónde sitúo yo el resultado en mi propia hoja de ruta se convierte en algo muy clarificador sobre cómo voy a abordar las relaciones en el equipo.

Resulta absurdo negar que el resultado tiene un espacio importante en este proceso y sobre todo tratar de eliminarlo absolutamente. Será más conveniente trabajar en entender cuál es mi influencia en el mismo, cuánto depende de mí y cuánto no depende de mí, cuánto depende de mi capacidad de reaccionar ante las distintas situaciones que a buen seguro se nos irán presentando frente al refugio más cómodo de achacar a los elementos la no consecución de los mismos, entendiendo, en cualquier caso, el arnés que supone la integridad, la responsabilidad y la humildad en el conjunto de decisiones que continuamente tomamos.

2.4. El arnés

Siguiendo a Kofman (2008), encontramos este maravilloso trípode, este perfecto arnés que al igual que al escalador le permite estirar el brazo en un impulso final y descubrir maravillado que su mano alcanza una superficie desconocida donde posarse y hacer palanca para dar otro grandísimo paso en su ascenso.

¿Qué significa en este contexto la integridad? Las decisiones que tomamos son absolutamente coherentes y están integradas con nuestros modelos mentales, nuestras creencias profundas, acertadas o no, son nuestras decisiones y deben convivir con todo nuestro entramado de creencias. Nos dará la tranquilidad de entenderlas de acuerdo con nosotros mismos.

El segundo pilar es la responsabilidad, la cual implica la asunción clara de que yo soy dueño de mis decisiones, el entorno, las otras opiniones son datos que me ayudan o no a tomar una decisión, pero una vez la he tomado, la decisión es únicamente mía, soy responsable de la misma y la asumo completamente, sin ceder a las típicas válvulas de escape que tranquilizan la conciencia transfiriendo la responsabilidad a otros elementos del entorno.

El tercer pilar básico es la humildad que implica entender que mi decisión no es la única posible y que pueden existir otras muchas decisiones distintas al menos tan validas como lo mía. Esto nos otorga un posicionamiento muy ventajoso a la hora de abordar el diálogo y la resolución de los muchos conflictos a los que con seguridad nos enfrentaremos.

Todos estos elementos terminan por influir y conformar claramente nuestra actuación con respecto al grupo, por lo que resulta fundamental como un primer paso generar una visión propia de uno mismo en relación con el grupo que nos permita entender nuestra posición en el entorno y visualizar las oportunidades que desde ahí seguro se presentan para poder contribuir a una mejor consecución de los resultados.

3. Las relaciones con el otro

Hemos comenzado escuchando nuestro diálogo interior, el diálogo con "uno mismo", que permite observar de todo lo que aparece y aprender de ello. Ahora tenemos que avanzar y profundizar en el diálogo con el "tú", el encuentro con el otro, con las experiencias vitales que me confrontan y de la cuales también aprendo. Es más, quizá solo me puedo entender a mí mismo a partir de la experiencia con el otro, que es el que me define y me permite encontrar mi verdadera identidad como

persona y entrenador. Es un proceso profundo de aprendizaje humano. Sólo podemos aprender significativamente a partir de las relaciones interpersonales, a partir de los otros.

Hoy podemos estar conectados con muchos jugadores a la vez. ¿Cuánto de real y cercano hay en este contacto? ¿Cuánta superficialidad o profundidad tienen estas relaciones? A veces, las prisas por conseguir rendimiento, por tener éxito, la inmediatez del resultado, nuestra incapacidad para abordar los conflictos y la complejidad de las relaciones nos llevan a establecer vínculos frágiles y con bajo nivel de confianza.

3.1. Elementos de la relación: tiempo, espacio, contenido y confianza

En muchas ocasiones sentimos que no tenemos tiempo. Es más, el tiempo habitualmente es nuestra primera excusa. "No hay tiempo para tratar estos temas", nos decimos a nosotros mismos. Y no nos damos cuenta de que quizá esta comunicación diaria, de forma sincera, es el pilar básico del mundo relacional que nos lleva a conseguir mejores resultados individuales y colectivos. Los vínculos duraderos exigen tiempo. Y dedicamos tiempo a lo que verdaderamente nos interesa. ¿Cuán importante es para mí la comunicación, establecer vínculos de confianza? ¿Cuánto tiempo le dedico?

Otro aspecto relevante en la sostenibilidad de las relaciones que tiene que ver con identificar espacios para poder construir esos vínculos. Cuando hablamos de espacios nos referimos a muchos y diferentes momentos que tenemos con los jugadores en el día a día. Tenemos espacios de entrenamientos, partidos, conversaciones de vestuario, viajes. Sin embargo, deberíamos preguntarnos cuántos de estos momentos los transformamos en espacios de aprendizaje. ¿Creamos contextos de aprendizaje para desarrollar el potencial del jugador? ¿Estamos identificando el valor que tienen esos momentos para establecer vínculos sólidos y duraderos?

Un tercer elemento importante es el contenido que le damos a los espacios de comunicación que tenemos con los jugadores. Es importante el tiempo y el espacio, pero sobre todo el contenido de lo que hablamos. Quizá hoy, más que espacios de comunicación, faltan contenidos. Tenemos que cuestionarnos los contenidos que compartimos con el jugador y mirar realmente si le estamos aportando valor, aprendizaje, crecimiento real y duradero.

3.2. La confianza en las relaciones

El eje vertebrador de las relaciones se sitúa en el nivel de confianza que existe en los vínculos que establecemos. La confianza es algo de lo que todos hablamos y aceptamos como relevante, pero no nos detenemos a reflexionar lo que verdaderamente significa en las relaciones. Quizá, para profundizar en su valor, tenemos que identificar primero qué no es confianza:

- No es dar una charla, unos consejos, unas palabras.
- "Llegar" al jugador como una estrategia personal en lugar de comprender a la persona.
- Si no puedo conectarme con mis necesidades, emociones, recursos, dudas, difícilmente podré conectarme y entender al jugador en estos dominios...
- Cuando la confianza se sustenta exclusivamente en el rendimiento a corto plazo, en el que el jugador me demuestra que aprende lo que yo quiero.
- Cuando mi arnés, mi confianza, está depositada en lo que controlo, en lo que me da seguridad y rechazo lo que no sé, lo que desconozco.

Por otro lado, la confianza tiene que ver con:

- La confianza se construye.
- Tiene que ver con comprender que es un estado que voy construyendo, aprendiendo de mis límites y los tuyos, mis puntos ciegos/errores y los tuyos, mis recursos/talentos y los tuyos...
- No está en apoyarse en un líder fuerte, sino en construir esa fortaleza en mí.
- Está en saber ponerle nombre a la confianza y ese nombre es mi motor de inspiración: ¿En qué confío? ¿En sobrevivir? ¿En tener prestigio? ¿En aprender? ¿En crecer? ¿Avanzar?

Algunos pasos que podemos ir dando en la confianza tienen que ver con entender que es un movimiento de adentro a afuera, es algo que tiene que ver con uno mismo (autoconocimiento). Empiezo por sincerarme y cuestionar en qué/quién confío, qué tiene valor para mí aquí y ahora, con qué viajo en mi mochila, qué me da seguridad, qué me falta. Continúo por construir una visión del entrenador que quiero ser, lo que aspiro, lo que me ilusiona y me abro a un estado de aprendizaje colectivo permanente. Marco mis objetivos a corto plazo y empiezo

a caminar, aprendiendo a crecer desde los límites y dificultades en la acción/reflexión.

4. Relaciones con el equipo

Equipo es relaciones y es acción. Entendemos que hay una dimensión relacional de un equipo, que hay modelos de relación básicos: colectivistas, individualistas, emergentes.

Hay dos elementos fundamentales para entender la naturaleza del equipo: primero, hay que saber que un equipo fundamentalmente es un sistema de relación humana. En esta relación intervienen tres actores: el yo, el otro y el colectivo. Es importante comprender cómo se relacionan estos elementos. El segundo elemento fundamental es que frente a un equipo de relaciones humanas hay un objetivo creativo, un equipo está enfocado a una acción; un equipo siempre está construyendo algo, se mueve con objetivos.

La realidad es que no tenemos cultura de equipos, se construyen con mucho esfuerzo y mucha fragilidad. Hace falta recuperar el sentido original de por qué y para qué nos unimos en equipo: antropológicamente unirse en equipo es una necesidad del ser humano y, por otro, indagar en la idea de que un equipo ha de ser un contexto de aprendizaje en el que se posibilite el que todas las personas confluyan y aboguen por un objetivo común. Este es un proceso muy complejo que exige no sólo del desarrollo de una competencia técnica, sino de capacidades y potencialidades personales.

Normalmente uno no decide estar en un equipo, uno se encuentra en él y este es un lugar donde tienes que empatizar, vincularte, liderar, escuchar, tomar decisiones, solucionar conflictos. Estar en un equipo es ir al origen de las cosas.

Una de las ideas fundamentales cuando hablamos de equipos es comprender el modo de pertenencia a éste, si sé porque estoy aquí, ¿sabré gestionarlo? Muchas veces debatimos si fichar a un jugador o no. Una pregunta importante es: ¿Tiene lugar en el equipo? Otras veces lo fichamos, pero no le dejamos claro por qué o para qué, durante la temporada el rendimiento sube y baja y muchas veces parece que este es un determinante para pertenecer o no. También es cierto que, cuando el jugador se va o echan al entrenador, saber cerrar es clave para la futura pertenencia a otros grupos.

Por último, tiene que haber una respuesta de aprendizaje, sus pasos son los siguientes:

1. Aprender a escuchar lo que está pasando, que no es solamente lo que siento.
2. Entrar en contacto con la realidad que vivo.
3. Aprender. El movimiento de aprender implica ir más allá de las creencias. Significa poder cuestionar y cuestionarme.
4. Generar, crear. Sin creación no hay libertad. Para poder crear se necesita una mente libre, una mente libre está más allá del peso de lo propio y sólo se reconoce en la escucha.

Si la gente de un equipo no tiene la capacidad de reflexionar sobre su propio proceso de pensamiento, sobre sí mismo y sobre sus acciones, el equipo tampoco lo va a hacer. Este exige un trabajo a nivel micro con los jugadores o con los componentes de cualquier tipo de grupo, enseñarles a reflexionar en primera persona, a tener conversaciones generadoras de conocimiento, cambio o responsabilidad.

Uno de los grandes problemas que habitualmente nos encontramos en los distintos grupos y equipos (especialmente en la actuación de sus líderes, llámese entrenadores, jefes) es la falta de identificación individual de cada uno de los componentes del equipo. Tendemos a idealizar las visiones globales de los equipos como un todo homogéneo, perdiendo la percepción de que cualquier grupo está conformado única y exclusivamente por personas. Esto es cómodo, en la gestión del día a día del equipo, tenemos solo un grupo con un objetivo común identificado como un todo. Esto nos hace más fácil llevarlo, pero nos implica perder detalles, síntomas y avisos de la enorme complejidad que atesora cada una de las personas que componen el grupo.

El objetivo común, la premura y urgencia nos reduce la capacidad de percepción de lo que realmente está pasando, porque lo que muchos estudios han demostrado y la experiencia cercana del desenvolvimiento de los equipos y grupos nos indica es que en un porcentaje muy importante de casos, una vez establecidos los grupos y sus objetivos, se van difuminando de manera muy significativa en aras del tan traído principio del bien general y de la consecución de los objetivos del grupo.

4.1. El otro en el equipo

Cuesta ver, en muchas de estas relaciones, a líderes, entrenadores o jefes que identifiquen a individuos concretos en cada uno de los componentes del grupo, convirtiéndose estos en un mal necesario para la consecución de los objetivos.

Es fundamental hablarle a cada uno de los integrantes del grupo en primera persona, identificando su singularidad dentro del grupo y atendiendo a sus circunstancias específicas y concretas en ese momento.

Asumir que más allá del objetivo colectivo cada uno de los integrantes del grupo tiene su paquete de objetivos concretos, su importancia y su lugar en el grupo, y que la clave del posible éxito está en la armonización e integración de estos distintos objetivos y del reconocimiento individual.

Pero esto por sí solo no es suficiente. Nos diremos, con razón, que por supuesto esto debe ser así, esgrimiendo conceptos de respeto, humanidad. El paso adicional a dar es integrar a este otro en mi visión del equipo, visión individualizada para cada uno de los componentes del grupo y conseguir hablarle desde ahí, haciéndole partícipe de la importancia que para mí tiene dentro de todo el proyecto global. Tradicionalmente el otro no existe para nada. Toda la relación se basa en un yo conmigo mismo y con el equipo como reflejo de mi propio yo.

Para ello, es necesario entender, como ya hemos comentado, que la visión de un equipo no deja de ser otra cosa que el elemento armonizado y común de las distintas visiones individuales de cada uno de los componentes del equipo, para alcanzar al llegar a la meta el poder decir: ¡Lo conseguimos nosotros!

Pero debemos ser conscientes que estas visiones individuales incorporan con toda seguridad, no sólo elementos colectivos que identifican el éxito, sino también y más importante aún, elementos individuales con características y consideraciones absolutamente diferentes. Es difícil entender que los componentes del grupo acepten el éxito del objetivo cumplido si no experimentan un grado significativo de consecución de sus distintos objetivos individuales.

4.2. Distinguir asociación por objetivos frente a equipo

Habitualmente hablamos de equipos que se construyen con un objetivo común. ¿Esto es suficiente para ser un "equipo"? Sería conveniente distinguir entre un equipo y una asociación por objetivos. Alguna distinción que identifica la asociación por objetivos tiene que ver con el lenguaje que utilizamos, decimos: "Seamos profesionales", "tú tienes que rendir y meter goles para que puedas ser titular", "cumple con lo que pone en el contrato y yo te trataré bien". Diferentes ejemplos en que establecemos la relación desde transacciones. Estas son más bien un intercambio: "Yo te doy y tú me das". Hay un sueldo por el servicio que

se está pagando y esto crea una asociación por objetivos. Se entrega un salario y se recibe unas competencias, trabajo o conocimiento.

La clave de un sistema de asociación por objetivos es el desarrollo de un proyecto, es decir, el proyecto es un fin en sí mismo y no un medio para desarrollar a las personas. La clave está en ganar la liga, quedar en Europa, no descender. El resultado es consustancial al proyecto y todo se lee y evalúa en función de su consecución.

Este es un orden lícito en una asociación por objetivos. Si hablamos de comunicación, ésta tiene que ser eficaz a ese orden. Lo que comunicamos aquí son objetivos, tareas, ejercicios, planificaciones, normas o códigos internos. Pero en esta transacción de intereses, ¿dónde está el desarrollo del talento?

El lenguaje de un equipo es distinto. Frente a la tarea, programas y estrategias, se enfatiza la inteligencia colectiva, la creatividad y capitalizar el cambio. La inteligencia colectiva tiene que ver con el "nosotros pensamos" más que con el "yo pienso" de René Descartes. Se opone a que el conocimiento venga solo de arriba y aboga por la participación de los miembros del grupo. Supone que el equipo funciona como una totalidad, que se activa la convergencia de las capacidades de sus componentes. En la mayoría de los equipos, la energía se dispersa en varias direcciones, por ejemplo, eso ocurre cuando los jugadores ponen muchísimo empeño, pero sus esfuerzos no se traducen en una labor de equipo. Cuando un equipo funciona con inteligencia colectiva, las energías individuales se armonizan, surge una resonancia o sinergia que permite una actuación de conjunto que supera elevadamente las capacidades individuales.

Además de la inteligencia colectiva, propicia la creatividad del grupo. Por creatividad entendemos ese escenario de interacción que permite que cada miembro del equipo encuentre un lugar de sentido y expresión individual en el conjunto. Todos los jugadores/personas tienen un potencial que necesita ser expresado en el entrenamiento, en el campo, en la competición. En un contexto de cambios acelerados y en el que los modelos se reinventan constantemente, crear contextos que faciliten la capacidad creativa del jugador puede suponer un valor diferencial que eleve la competitividad del equipo.

El pilar que sostiene todo lo anterior es la pasión que le ponemos a nuestra capacidad de aprender, a nuestras ganas de crecer, mejorar, superar nuestros propios límites, entendiendo que tanto en la profesión (como en la vida misma), el crecimiento y la evolución es el termómetro que mide el bienestar y la competitividad individual y colectiva.

Finalmente, si nuestro motor motivacional está apalancado en el aprendizaje, tendremos un territorio abonado para que el equipo pueda capitalizar el cambio y los diferentes contextos y retos a los que se

enfrenta. ¿Por qué nos cuesta tanto afrontar los cambios? Entre varias razones, las sombras que nos imposibilitan pueden ser:

- Mi zona de seguridad: me sitúo en la comodidad de lo conocido frente al riesgo de lo nuevo.
- Evito el conflicto: es más fácil cuestionar si lo que hago tiene un valor para el equipo y la institución.
- Pasividad: el problema está afuera, en los otros miembros del equipo, entrenadores, jugadores.
- Falta de confianza en mi capacidad de influir en la deriva de los acontecimientos.
- Miedos personales. Miedos a mostrarme, al que dirán, a lo que no sé, a perder una posición.

4.3. Construcción de equipos

Cuando un entrenador entra a dirigir un equipo, una de sus mayores preocupaciones es la construcción y cohesión del mismo. Normalmente se tiene una idea de equipo que se quiere conseguir, es decir, solemos partir de unas determinadas ideas que muchas veces tienen que ver con nuestros ideales de equipo, pero ¿es ese el camino para la construcción de equipos?

Trabajamos sobre modelos que tratamos luego de poner en marcha cuando en realidad un equipo se construye justo haciendo lo contrario, desde la praxis. La arquitectura interna que lo construye tiene que ver con las relaciones. El punto de partida es comprender la realidad del equipo, es decir, comprender su aquí y ahora. En qué momento vital está el equipo, qué están viviendo las personas que lo componen, qué es lo que está pasando, cuáles son las agendas ocultas, su historia, conflictos actuales. El punto cero de todo esto es cómo yo (entrenador) me voy a relacionar con todo ello, porque una cosa es comprenderlo a través de la escucha y observación y otra es comprenderme a mí, es decir, cómo todo esto me afecta como entrenador. Por ejemplo, cuando se entra a dirigir un equipo se tiende a hacer una valoración, lo que me gusta o no me gusta, se tiende a desvalorizar lo que había porque no me gustaban las personas que estaban antes, se juzga lo que se estaba haciendo y rápidamente se quieren "imponer las creencias o ideas que uno trae en un equipo". A los equipos no se puede entrar como un elefante en una chatarrería.

El primer punto de partida sería entender que para comprender cómo construir un equipo hay que partir de observar y escuchar sus prácticas, sin juzgarlas. Entendiendo qué se ha de mantener y qué se ha de cambiar, cómo y en qué momento.

Hay veces que se buscan recetas rápidas o se piensa que con que se cambie una pieza ya tenemos un nuevo equipo. El material para la construcción de un equipo es lo que está en el aquí y ahora de ese grupo: qué pasa en el equipo, qué está gestionando, qué necesidades tiene, qué potencialidades hay, con qué resistencias se encuentra. Ver cómo llegamos a ese material es el gran reto. Establecer vínculos con los jugadores, crear espacios para el diálogo, dedicar tiempo a conocer al jugador. La única forma de construir un equipo es entrar en contacto directo con las personas que lo forman.

Para construir equipos hay que ser muy prácticos. Entrar en contacto con lo que hay, con el aquí y en ahora, no con lo que me gustaría que hubiese. Los equipos no se construyen en abstracto, se construyen desde la experiencia concreta. ¿Desde dónde construimos nosotros un equipo? Hay cuatro claves dentro de equipo:

- Sentido. Es vital tener un propósito común. ¿Es consustancial al equipo construir una visión compartida? ¿Los individuos sacrifican sus intereses personales a la visión del equipo, o la visión compartida es una prolongación de sus visiones personales? ¿Debe tener el equipo una visión común de un futuro deseable, unos mínimos de comprensión común de que existe una realidad deseable a la que quieren llegar que no se corresponde con el escenario actual?
- Desarrollo. ¿Es relevante que la persona crezca, se desarrolle? ¿Qué papel juega el equipo en esto? Es importante crear espacios que alimenten nuestra necesidad de desarrollarnos, aprender, reinventarnos.
- Equilibrar el proceso reflexión/acción. Una vez construida la visión (sentido), ponemos foco en la acción. De nada sirve filosofar, tener todas las teorías y después no ponerlo en práctica. Hay que actuar. La acción lleva a una nueva reflexión y así poco a poco vamos instaurando la cultura de aprendizaje permanente.
- Éxito. ¿Nos permitimos equivocarnos, fracasar? Sabemos que es fundamental aprender de los "teóricos fracasos" para ir puliendo la visión y el proyecto. También sabemos que hoy por hoy no podemos fracasar muchas veces seguidas. Y más aún, aun obteniendo los resultados que nos proponemos, nada nos asegura que sea reconocido externamente. Por ello la idea de éxito que planteamos es trabajar la propia integridad en comportamientos y acciones haciéndolo lo mejor posible, con visión (sentido), planificación (coordinación), pasión (impulso vital) y equipo.

5. Métodos o herramientas. El diálogo

5. 1. Creencias y modelos mentales

Antes de abordar algunas pautas acerca de la práctica del diálogo como dinámica integradora de equipos, creemos importante hacer una breve reflexión acerca de nuestros modelos mentales. Las creencias personales están basadas en supuestos, ideas o generalizaciones construidas a lo largo de nuestra historia personal, que no sólo determinan la forma cómo interpretamos las circunstancias, sino también nuestro modo de actuar. Si pedimos opinión sobre un hecho a los miembros de un equipo, encontraremos tantas matizaciones como personas conforman ese grupo.

Las creencias suelen estar profundamente arraigadas, funcionan por inercia y las defendemos por razones variadas. Seguridad, identidad, autoestima. Nos relacionamos a través de un modelo aprehendido porque pensamos que nos da seguridad. La comodidad o el miedo suelen ser también inhibidores para realizar una exploración activa y cuidadosa del modelo mental que subyace y fundamenta nuestras actitudes.

El problema no radica en pensar y actuar a través de patrones. En mayor o menor medida, todos lo hacemos. El problema está en identificarnos de forma absoluta con ellos y aplacar nuestra capacidad de poner en suspenso estos supuestos y cuestionarlos.

Por ello creemos que para construir dinámicas de equipo y visiones compartidas, puede ayudarnos tomar consciencia de nuestros propios patrones de pensamiento, reflexionar sobre cuánto nos condicionan y desarrollar el saludable hábito de hacernos preguntas. Por ejemplo, hay jugadores que cuando rinden mal tienden a creer que la causa de su problema es el entrenador o el tipo de juego. Cuando esto aparece repetidas veces se convierte en un patrón. La única manera de cambiar un patrón es darse cuenta de que existe y cuestionarlo: ¿Esta manera de pensar me ayuda en algo? ¿Qué estoy ganando con esta manera de ver las cosas? ¿Para qué me agarro a este patrón?

5. 2. El valor de la pregunta

Las preguntas son las precursoras, la causa primera en todas las ramas del saber humano. Las preguntas expanden nuestra mente y nos muestran horizontes que no sabíamos previamente. Constituyen la mejor forma de abordar lo desconocido. En el momento en que nos hacemos

una pregunta, de la que realmente no sabemos la respuesta, nos abrimos a un campo de infinitas posibilidades. Muchas veces cuestionarse no es cuestión de fuerza, sino de valentía.

En las dinámicas de equipo, en sus diálogos, resulta todo un arte provocar reflexiones a través de preguntas precisas que se orientan a facilitar procesos de crecimiento individual o grupal. La idea es intentar dinamizar la comunicación a través de preguntas que abren nuevos puntos de observación y sitúan a las personas en el centro de la reflexión. Por ejemplo, una pregunta que suele resultar clave cuando un miembro del equipo busca que nosotros nos posicionemos y le demos una respuesta puede ser: "¿Y esto qué significa para ti?". El significado personal que damos a los hechos es la clave de la experiencia subjetiva y del peso particular que ese acontecimiento tiene para cada persona.

¿Podemos acompañarles a que construyan por sí mismos sus respuestas? Seguro que será la mejor respuesta posible para su propio momento vital. Aprenderá a ser autónomo en el proceso de reflexión e irá perdiendo el miedo a cuestionarse. Y nosotros comprobaremos que las personas del equipo saben mucho más de lo que podríamos pensar.

Algunas pautas que pueden ayudarnos a la hora de preguntar pueden ser las siguientes:

- Antes de cuestionar a otra persona, primero necesito poder cuestionarme a mí mismo.
- Una buena pregunta nace de una buena escucha.
- Sería conveniente clarificar el propósito de la pregunta: ¿Para qué pregunto?
- Las preguntas no cuestionan a la persona, cuestionan únicamente las ideas, las creencias.
- El silencio que genera una pregunta suele ser una buena señal del valor de la pregunta.
- La pregunta debería generar interrogantes, cuestionamientos, dudas, llevar a la persona, al equipo, más allá de su zona aprehendida y confortable.

5. 3. Diálogo y aprendizaje en equipo

El aprendizaje y desarrollo individual es importante. Sin embargo, para una institución puede ser más relevante aún el aprendizaje de un equipo. Las personas pueden aprender en cada momento, pero esto no supone que exista aprendizaje organizacional.

Cuando un equipo aprende y tiene logros importantes, puede transformarse en un microcosmos, un prototipo que se desarrolla dentro de la organización y expande su capacidad de comunicar a otros individuos y llevar a la práctica con otros equipos las nuevas aptitudes y habilidades, estableciendo una pauta que facilite el aprendizaje organizacional.

El aprendizaje en equipo requiere desarrollar el pensamiento crítico sobre problemas complejos. Para ello necesitamos aflorar el talento de muchas mentes y entendemos que la metodología más adecuada, dada la incertidumbre y complejidad del contexto actual, es la práctica del diálogo de aprendizaje grupal.

Este formato de diálogo, según como lo entendemos, permite una exploración libre y creativa. Requiere práctica, perseverancia y mucha apertura.

5. 4. Diálogo y discusión

Existe una diferencia importante, aunque a veces se presente de forma sutil, entre discutir o dialogar sobre un tema de interés. Las discusiones, el intercambio de opiniones, son como las narices, todas son diferentes. La discusión se asemeja a un peloteo de una partida de ping-pong. Yo digo, tú dices, yo reboto y tú devuelves. En la discusión, el tema en cuestión se analiza y disecciona desde distintos puntos de vista. Esto seguramente pude ser útil para muchas circunstancias. Pero si de lo que se hablamos es de una metodología para el aprendizaje de un equipo, las discusiones son una pérdida de energía, bloquean la creatividad y la posibilidad de resolver temas complejos. El propósito que subyace en una discusión es ganar el peloteo, tener la razón y lograr que el grupo acepte los propios puntos de vista.

En el diálogo no intentamos ganar nada. Todos ganamos si lo hacemos correctamente. En el diálogo se trabaja con distinciones y preguntas cuestionadoras que se exploran en primera persona del singular. Este tema es relevante, porque como comentamos antes, se trata de analizar la situación desde el significado personal que doy, conocer mis propias motivaciones e inquietudes y ser capaz de comprender las del otro. Puede ayudar a la hora de tomar la palabra, anteponer vocablo "yo". Yo pienso esto, yo he vivido tal cosa, mi experiencia me dice... Si nos expresamos con verdades absolutas abortamos la posibilidad de profundizar sobre los temas.

El objetivo del diálogo es que aflore una inteligencia más amplia que exceda la mirada individual de cada uno. Esta inteligencia no le pertenece a ningún miembro del grupo en particular y al mismo tiempo es dominio de todos los que participan. En el diálogo buscamos acceder a una reserva de "significado común", la cual no se puede tener de forma individual.

5. 5. Diálogo, prejuicios y escucha

Como comentamos en el apartado de modelos mentales, a la hora de dar nuestro punto de vista cada uno de nosotros arrastramos una mochila de creencias personales. Estas interpretaciones operan de forma inconsciente e influyen tremendamente en nuestra forma de analizar los hechos y escuchar a las otras personas. La realidad es viva y cambia constantemente, pero nuestros patrones de pensamientos son rígidos.

Una actitud que puede ayudarnos a la hora de abordar un diálogo de aprendizaje es predisponernos a poner en suspenso nuestros supuestos. Esto no significa desechar, reprimir o callar. Suspender nuestros supuestos significa situarlos en un lugar que sea accesible para el cuestionamiento y la observación. Significa tener conciencia de mis creencias y animarme a someterlas a examen.

El efecto colateral que conseguimos es que aprendemos, no sólo a expresarnos con un signo de interrogación, sino que también aprendemos a escuchar de otra forma. La escucha que utilizamos habitualmente es una escucha fragmentada y al mismo tiempo activa. Cuando otra persona habla, se activan en nosotros toda clase de interpretaciones propias sobre lo que esa persona está diciendo. La tendencia habitual es pensar si lo que está diciendo es correcto o no para mí, si estoy de acuerdo o no con lo que se dice. Nuestra escucha suele estar motivada, pensamos en lugar de entender lo que los otros quieren decirnos.

En estos diálogos es importante abrirse a la mirada del otro, percibiendo con libertad la resonancia que tiene en mi interior las diferentes reflexiones. Escuchar lo que aparece con una actitud de exploración, observación, comprensión de mis reacciones, emociones, sin necesidad de juzgar o interpretar. Situar la atención en modo de investigación libre y aprendizaje.

5. 6. Diálogo y preguntas cuestionadoras

El diálogo de aprendizaje no busca conclusiones rápidas. Es habitual que al principio este escenario genere cierta frustración. Nos hemos educado en nuestra infancia y trabajamos en nuestra adultez en entornos donde nos evalúan por lo que sabemos, por las respuestas que

damos, por las conclusiones que sacamos. Trabajar con preguntas cuestionadoras supone interrogar de tal forma que las personas y equipos puedan dar un paso en el conocimiento de ellos mismos, del contexto que viven, de lo que ven y no ven, de lo que conocen y lo que pueden descubrir.

La preguntas correctas llevan al equipo a poner su atención en "lo que hay", a su experiencia inmediata, a su vivencia presente, sin especular teóricamente. El punto de partida es "el aquí y ahora". Por este motivo es conveniente evitar una excesiva intelectualización o racionalización del diálogo.

La pregunta cuestionadora provoca también una cesión y una apertura. Por un lado, genera la posibilidad de poner en cuestionamiento las creencias, supuestos, prejuicios que debemos abandonar. Y al mismo tiempo, produce un movimiento expansivo acerca de la posibilidad de incorporar nuevos saberes. Este segundo movimiento permite que se ponga en funcionamiento la mente intuitiva.

5. 7. Diálogo, mente intuitiva y proceso creativo

La pregunta es un proceso muy intuitivo. La pregunta nos aparece como una intuición en forma de duda, miedo, que muchas veces no queremos oír, nos incomoda. También se presenta como curiosidad, asombro, deseos de explorar más acerca de esta apertura, de esta grieta que se abre.

La mente intuitiva da luz a la mente pensante. La mente intuitiva le dirá a la mente pensante dónde seguir buscando. Y estas dudas, miedo, asombro, curiosidad, son momentos de lucidez interior.

Un gran indicador de que la inteligencia está creciendo, de que nuestro modelo está siendo cuestionado y estamos empezando a ser permeables a otros modelos, es el incremento de la duda, la vulnerabilidad y la incertidumbre. Son las señales naturales de un proceso creativo.

¿Cómo se puede crear si no hay duda, vulnerabilidad e incertidumbre? La duda es un motor fundamental. La mente está ampliando sus horizontes cuando duda. Y nos asusta dudar. Por eso muchas veces bloqueamos los impulsos intuitivos que de repente sacuden nuestros parámetros y nos hacen oler que hay algo más de lo que expreso, de lo que digo y de lo que hago. No hay ninguna persona creativa que no tenga duda, vulnerabilidad e incertidumbre.

La mente intuitiva es una mente que cuestiona con libertad, sin miedo, no se detiene, no se justifica, no tiene límites. En la mente intuitiva, lo que no sé, se convierte en un sugestivo viaje. A medida de que nos introducimos en las áreas del no saber, nos vamos encontrando con capacidades propias que habitualmente desconocemos y que nos acercan a un rasgo fundamental del ser humano: nuestra capacidad de crear. Intuir es aprender a mirar en libertad.

El aprendizaje en equipo es un reto apasionante que merece la pena explorarse. No hay reglas ni recetas, suele ser un proceso que supone compartir un propósito común: el diálogo.

- El buen desempeño, conseguir buenos resultados y perdurables en el tiempo depende tanto de la excelencia individual como del buen trabajo colectivo.
- En la mayoría de los equipos, la energía se encauza en diferentes direcciones según las expectativas y motivaciones de los miembros.
- Encontrar sentido y significado común entre diferentes personas de un mismo equipo permite que las energías individuales ser armonicen y surja una resonancia o sinergia colectiva que permite complementar esfuerzos y alcanzar grandes retos impensables para un individuo.
- Una de las claves de este desempeño sobresaliente está en la capacidad de construir con paciencia y determinación una visión compartida.
- No se trata de que sacrificar o dejar de lado los intereses personales. Se trata de que esta visión compartida sea una prolongación de las visiones personales.

6. Organización, identidad y equipo

6.1. Principales características

A la hora de analizar estas distintas categorías, sin duda existen muchos factores y consideraciones que podemos ir haciendo. En nuestro caso y para el propósito que aquí nos ocupa el aspecto diferenciador que nos interesa destacar es el de la posición o la importancia del individuo en cada una de ellas. En concreto, distinguiendo entre organización, identidad y equipo encontramos que dicha importancia del individuo es absolutamente creciente entre ellas.

Hablando de la organización, sus características más identificativas son la estructura, las reglas y el propósito o finalidad de la misma. El individuo es un sujeto pasivo que normalmente se encaja y evoluciona dentro de ella siguiendo las normas escritas y no escritas que existen y

funcionan condicionando la integración de cada uno. Además, acepta el propósito y las reglas y a lo sumo contribuye, y es de agradecer, a mejorar a lo largo del tiempo tanto uno como otras. En resumen, el papel del individuo se diluye dentro del enorme peso de la organización.

Si pasamos a la identidad, encontramos que la relevancia de cada uno de los individuos empieza a ser mayor. La identidad viene mucho más determinada por un significado compartido, un sentido de pertenencia, una cultura, unas señas de identidad e incluso unos estímulos comunes determinados. Obviamente, todos estos son atributos mucho más subjetivos, donde cada uno de los individuos adquiere un mayor peso específico y su capacidad de influencia es significativamente mayor.

Por último, cuando hablamos de equipo, la importancia de cada uno de los individuos y su impacto en el grupo se agranda y se convierte en fundamental. No se entiende un equipo sin cada uno de sus individuos explícitamente identificados, pudiendo llegar a decirse que es probable que no exista un equipo si no consideramos y damos la relevancia adecuada a cada uno de sus componentes.

La característica más identificativa de un equipo, tratando de simplificar, sería la visión común como una integración de cada una de las visiones individuales. Es difícil imaginar la existencia de una visión de un equipo como tal, siendo más bien esta la suma de las distintas visiones individuales de cada miembro del equipo. El gran secreto, entonces, se circunscribe en ser capaz de gestionar con armonía esa suma de visiones individuales en el equipo, consiguiendo una identificación de objetivos globales para todos.

6.2. El rol individual a desarrollar

Entendida esta distinción, el rol de cada uno de nosotros se debe adaptar de manera específica a cada uno de los distintos entornos existentes. Así, cuando hablamos de organización, es fundamental entender las reglas, identificar la cultura escrita y no escrita de la organización y contribuir al cambio de las mismas desde las acciones individuales que podamos ir ejerciendo y que irán dejando una huella en la cultura organizacional. No parece fácil pensar en conseguir grandes cambios organizacionales de acciones individuales y esporádicas.

Si hablamos de identidad, el rol de cada uno será entender claramente la identidad del grupo, de dónde viene y a qué se debe, internalizando lo que significa para cada uno de nosotros y lo que nos implica a la hora de tomar las distintas decisiones, que indudablemente tendremos que tomar. Una vez más poco a poco y en base a las respuestas indi-

viduales y a través de la cultura organizacional podremos ir ajustando o contribuyendo a la definición, siempre en creación de esa identidad nunca inmutable.

Sin embargo, cuando nos referimos al equipo, el rol individual adquiere un protagonismo básico, constante y fundamental. Entender este, de una manera clara y explícita, y entenderlo de un modo colectivo, implica compartir, asumir, cocrear junto con el resto de componentes del equipo. Probablemente, aquí encontramos una de las grandes razones que explican el fracaso de los equipos. Si no existe un trabajo colectivo transparente, discutido y asumido por los distintos roles que juegan en el equipo (jugadores, entrenadores, jefes, empleados), difícilmente se podrá alcanzar el éxito, tanto externo (alcanzando los objetivos fijados) como interno (alcanzando la satisfacción del complimiento y el éxito más allá del éxito).

6.3. Trabajando sobre las grietas

Por ello, es fundamental integrar estas distintas dimensiones en el rol de cada uno, lo que nos permitirá trabajar sobre las grietas que siempre existen y cruzar las fronteras. ¿Qué son estas grietas? Obviamente ninguna organización, identidad ni equipo es absolutamente uniforme, sino más bien es una superficie discontinua, con cruce de diferentes planos que presentan grietas sobre las que es necesario desarrollar y construir o reconstruir las organizaciones, las identidades y los equipos.

El trabajo sobre estas grietas es el trabajo más fructífero que podemos desarrollar, permitiéndonos profundizar en nuestras contradicciones, entender la complejidad de los grupos y aportar soluciones mucho más integradoras para los objetivos de cada uno de los componentes del mismo.

Si estamos hablando de equipos, las distintas grietas presentan múltiples formas y configuraciones. Grietas pueden ser la falta de entendimiento común de los distintos roles, la falta de trasparencia en la comunicación, la no identificación individual con el rol especifico asignado e incluso la desigual convergencia de la acción del día a día con respecto a los objetivos y roles previamente establecidos. Por estas grietas normalmente se nos filtra un caudal inmenso que dificulta la consecución de nuestros objetivos.

Trabajar sobre ellas significa un abordaje sincero de las mismas y entendimiento de los porqués y de las causas y razones que explican los distintos posicionamientos individuales ante ello. Y nos brinda la mejor

plataforma para ir avanzando en el desarrollo colectivo e individual del equipo.

Bibliografía

Valentín Giro y Carlos Trenchs. 2011. *La cumbre infinita.* Barcelona. Editorial Los libros del lince

Jiddu Krishnamurti. 1954. *La libertad primera y última.* Barcelona. Editorial Kairos.

Fredy Kofman. 2001. *Metamanagment.* Buenos Aires. Editorial Granica.

www.ingramcontent.com/pod-product-compliance
Ingram Content Group UK Ltd.
Pitfield, Milton Keynes, MK11 3LW, UK
UKHW021908190726
13853UKWH00002B/565